Sergio Ferrari

Società ed Economia della conoscenza

Mnamon

Premessa

Dalla Ricerca alla Società della conoscenza all'Economia della conoscenza

Da alcuni anni vengono evidenziate, in occasioni diverse, due questioni apparentemente tra loro divergenti.

Il riferimento è da un lato alle affermazioni intorno allo stato dell'economia mondiale e, anche, di quella italiana, che traducono una valutazione a dir poco molto critica della realtà economica e sociale e, dall'altro, alle indicazioni di ordine certamente più accademico e teorico, ma sempre in materia di sviluppo economico e sociale, del tutto differenti nella qualità e nelle prospettive che vengono avanzate. Queste ultime sembrerebbero offrire uno scenario del tutto diverso e non conciliabile con quello precedente. Il riferimento in questo caso è alle pur sporadiche citazioni dell'avvento della "Società della conoscenza", della "Economia della conoscenza", avanzate con una forte prevalenza di elementi positivi.

La lettura della Società della Conoscenza ha al suo interno il capitolo relativo all'Economia della conoscenza e, in questo capitolo, il concetto di Conoscenza fa riferimento in maniere esplicita alla conoscenza scientifica e tecnologica non certo per eliminare il patrimonio delle conoscenze di diversa origine – ammesso e non concesso che sia possibile porre delle distinzioni – ma per le sempre maggiori relazioni che quelle conoscenze hanno con le possibilità di trasformare il lavoro, la vita dei cittadini, il sistema di accumulo della ricchezza e i rapporti tra questi accumuli e la loro trasformazione in valori sociali e culturali. Queste relazioni esistono dal tempo della ruota ma è evidente che da Galileo in poi sono cambiati radicalmente i termini di queste relazioni.

La contraddizione tra queste due questioni consiste – dovrebbe essere evidente – nel senso illuministico e progressivo dello slogan della "Società della conoscenza", contrapposto all'evidente negatività dei contenuti della crisi economica e sociale in atto, e non da poco tempo.

È legittimo immaginare che dietro a quel titolo di Società della Conoscenza si possano trovare sia concezioni pentecostali e ipotesi di società della decrescita, sia visioni da guerre stellari, sia l'immagine di un nuovo rinascimento esteso a tutti e a tutto il globo, sia, ovviamente, tutti i possibili incroci tra queste diverse ipotesi.

La lettura della crisi economica e sociale internazionale si sviluppa, invece, in un intreccio di notizie che non lasciano alcun spazio all'ottimismo, anche perché le guide ufficiali, soprattutto nostrane, sembrano sostanzialmente prive di bussole funzionanti. Inoltre questa crisi internazionale dovrebbe essere letta nelle sue differenti espressioni, dal momento che intere aree del mondo ne sono escluse e che in altre, come nel caso dell'Italia, la crisi nasce ben prima e non può, quindi, avere le stesse origini.

Si potrebbe opinare che questa contrapposizione tra crisi e un nuovo modello di sviluppi, in effetti, non esiste in quanto i due scenari si riferiscono a due periodi storici diversi – uno attuale e l'altro futuro e tutto da costruire. Secondo questa osservazione ne consegue che all'attuale crisi dovrebbe o potrebbe seguire questo nuovo modello di sviluppo, appunto quella Società della conoscenza nella quale prevalgono valori e realtà positivi e nella quale si sono sciolti tanti dei problemi attuali.

Prima di tentare di esprimere qualche osservazione per verificare se e quando e in che termini queste due posizioni si possano connettere dando luogo a quella nuova società, sembra necessario entrare nel merito di queste due "storie" e individuarne i connotati, anche per definirne i confini e i significati cogliendo – fra i molti – quelli che più ci interessano.

Alcuni analisti interpretano la pesante crisi di questi anni come una conferma di un punto debole del sistema capitalistico, non in grado di assicurare la tenuta nel tempo del saggio si profitto. L'invasione da parte di questo sistema dell'area geo-economica orientale – non a caso dopo la caduta del muro di Berlino – viene così interpretata come una spinta per la sopravvivenza di quel sistema. La questione è ovviamente rilevante e richiederebbe analisi e riflessioni che esulano dal presente lavoro. Tuttavia sarà opportuno non dimenticare questa interpretazione dell'attuale crisi economica dato il rilievo che potrebbe avere anche nella costruzione del futuro.

A sua volta la Società della Conoscenza si avvale delle prospettive offerte dagli andamenti di indicatori come quelli relativi all'allungamento della vita media, al controllo delle nascite, ma soprattutto, dalle opportunità offerte dallo sviluppo delle conoscenze scientifiche e dalla loro progressiva traduzione in forme di benessere – non solo economico – per la società.

1.

Lo sviluppo mondiale e la sua articolazione per grandi aree

Incominciamo dalla crisi economica e in particolare dall'andamento nel tempo delle variazioni del Prodotto Interno Lordo (PIL) pro capite'. Nel Grafico 1 è riportato l'andamento di questo indicatore a partire dal 1971 sino al 2011 e relativo all'intero mondo. Sono varie le informazioni che si ricavano da questo Grafico.

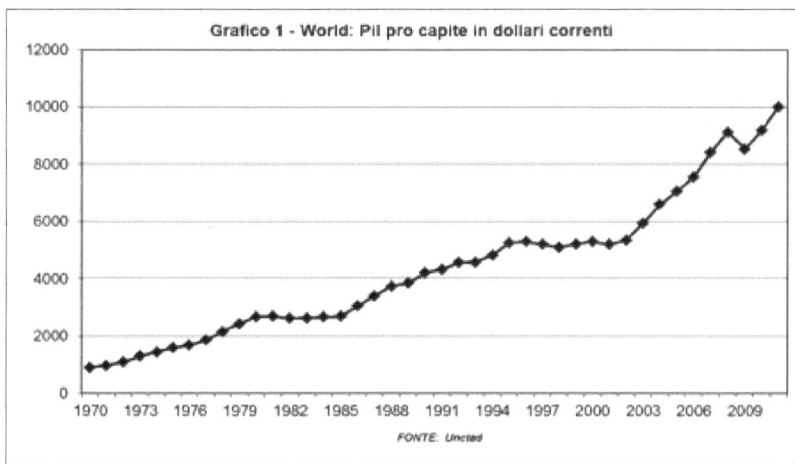

Grafico 1 - World: Pil pro capite in dollari correnti

FONTE: Unctad

Intanto emergono delle fasi di stasi ma, tuttavia, lungo una linea crescente per cui sembrerebbe difficile prospettare ad oggi un'ipotesi di crisi strutturale a livello mondiale. Sono immaginabili periodi di arresto o di rallentamento della crescita, ma lungo una dinamica complessivamente sempre crescente.

---

* Quando si assume il Pil come indicatore degli andamenti economici, si compie una scelta variamente discutibile, essenzialmente perché nel Pil sono presenti dimensioni quantitative ma mancano connotati di qualità. Tenendo presente questi limiti e non pretendendo di esprimere contenuti che vadano oltre, l'andamento di questo indicatore conserva una sua utilità e un suo significato. Peraltro sono alcuni decenni che il PIL come indicatore dello sviluppo, viene documentatamente criticato e si invoca l'elaborazione di un indicatore diverso. A livello di ONU è stato elaborato l'indicatore HDI (Human Development Index) .ma, ciò nonostante, l'utilizzo del Pil resta del tutto prevalente. L'importante è tenere presente questi limiti.

Non va certamente dimenticato che un'indicazione in termini di Pil pro–capite nasconde gli effetti della media del pollo alla Trilussa per cui una cattiva distribuzione potrebbe annullare o ridurre questa valenza positiva della crescita.

Se, con questi caveat, distinguiamo all'interno di questo andamento globale, gli andamenti economici ad esempio delle economie europee sviluppate e quelli dei paesi asiatici e ne analizziamo gli andamenti in termini di variazioni percentuali del Pil – V. Grafico 2 – le conclusioni precedenti devono cambiare. Intanto si riconoscono le due crisi energetiche del 1973 e del 1981. Poi il rallentamento nei primi anni novanta connesso con l'unificazione tedesca e il "buco" eccezionale del 2007/2009, che traduce la prima grande crisi "da speculazione finanziaria" mondiale. Ma soprattutto in questi paesi europei si può osservare l'esistenza di segnali di una debolezza strutturale dello sviluppo con un'accentuazione nel corso del nuovo millennio.

Se nel corso dei decenni '70 e '80 la differenza nello sviluppo di queste due aree era dell'ordine di uno – due punti percentuali – differenza fortemente ridimensionata se commisurata al valore assoluto del Pil, dalla fine degli anni ottanta questa differenza cresce non solo per un'accentuazione del ritmo di crescita dei paesi asiatici ma anche per una riduzione della crescita del Pil dei paesi europei.

Se poi confrontiamo gli andamenti medi di questi paesi europei con quello del nostro paese – V. Grafici 3 – si evidenzia come per l'Italia, con la fine degli anni '80, si vada esaurendo, rispetto all'area Euro, la maggiore capacità relativa di sviluppo misurabile in termini di Pil pro capite, sino a un andamento inferiore a partire dalla metà degli anni ottanta, per raggiungere, pur in una fase di forte depressione generale, un andamento inferiore di circa un punto percentuale all'anno rispetto agli altri paesi europei.

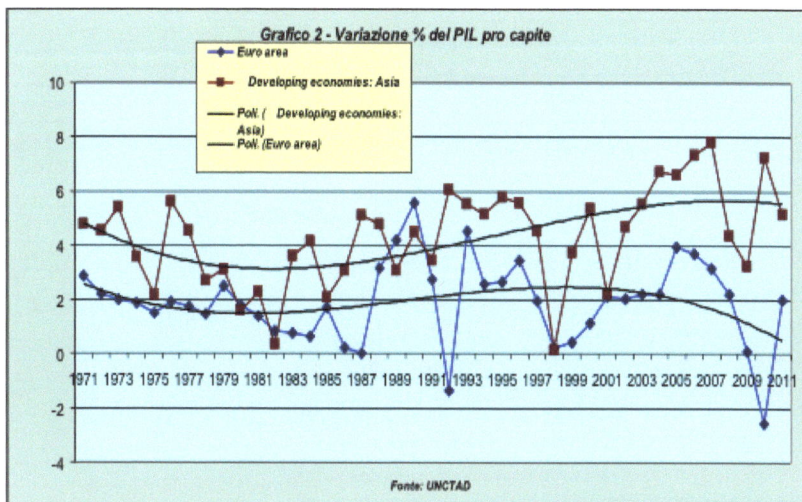

Grafico 2 - Variazione % del PIL pro capite

Fonte: UNCTAD

Un andamento negativo che si riscontra anche con le quote delle nostre esportazioni mondiali – V. Grafico 4 – confermando l'emergere intorno alla metà degli anni '80, di un periodo di crescenti difficoltà per il nostro paese.

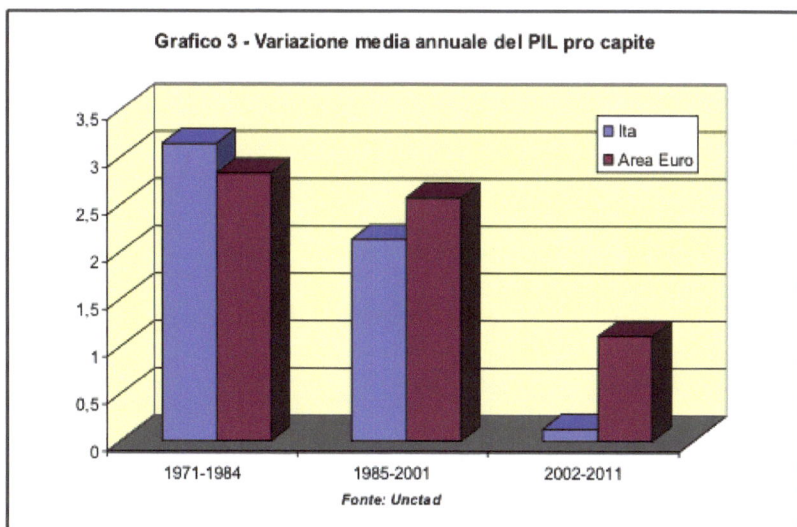

Grafico 3 - Variazione media annuale del PIL pro capite

Fonte: Unctad

11

Grafico 4 - Italia: percentuale delle esportazioni mondiali

Fonte: Unctad

Questo ci conferma che per quanto riguarda l'Italia, attualmente non si verificano solo gli effetti della crisi internazionale ma come questa si sia sovrapposta ad una preesistente e specifica difficoltà del nostro paese.

L'osservazione in base alla quale la nostra perdita di quote del mercato internazionale esprime un fenomeno che ha colpito anche le altre economie dei paesi europei corrisponde solo parzialmente alla realtà: anche questi paesi hanno perso quote di mercato in seguito all'avvento dei paesi in via di sviluppo, ma non quante sono state perse dal nostro paese. V Grafico 4.1.

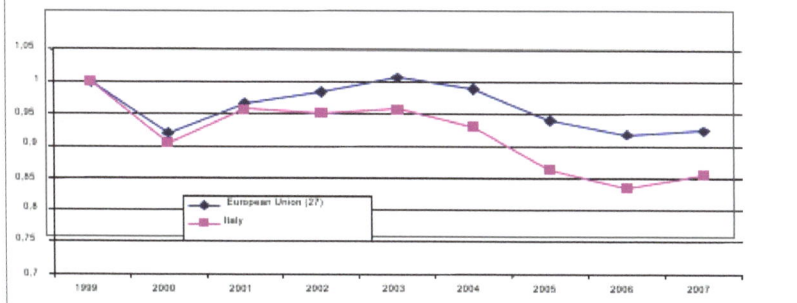

Grafico 4.1 - Quote dell'export manifatturiero mondiale
1999=1

Tutte queste osservazioni soffrono di alcune ovvie approssimazioni. Queste consistono non solo nei citati riferimenti alle medie alla Trilussa, ma anche nei diversi livelli dei Pil di partenza: è' evidente che se un valore del Pil pro capite uguale a 100 aumenta (o diminuisce) del 5 %, ottengo un risultato solo apparentemente migliore (o peggiore) di quello che ottengo con un aumento (o una diminuzione) del 2% di un Pil procapite pari a 1000. A questa osservazione del tutto ovvia occorre aggiungere che partendo da livelli di sviluppo particolarmente bassi è mediamente più agevole esprimere delle tendenze di sviluppo utilizzando anche gli effetti imitativi e di trascinamento. Naturalmente in questo caso non si tratta di una legge matematica ma di una condizione politica.

Tutto questo per confermare come il rallentamento dello sviluppo dei paesi avanzati corrisponda all'uscita dal sottosviluppo di intere popolazioni o, se si vuole leggere lo stesso fenomeno sotto un'ottica diversa, il capitalismo che tendeva ad avere difficoltà a conservare nelle "sedi" storiche margini di profitto, aveva tutto l'interesse a creare nuovi mercati e nuove riserve di lavoro a basso costo. Nel Grafico 5 l'andamento del Pil della Cina è un esempio, ovviamente rilevante, di questo processo che prende avvio, non a caso, con la fine della guerra fredda e la caduta del muro di Berlino e con il conseguente eccezionale sviluppo verso questo paese degli investimenti da parte delle grandi imprese occidentali e giapponesi .V. Grafico 5.1.

Grafico 5: Cina - Reddito in dollari correnti per capita

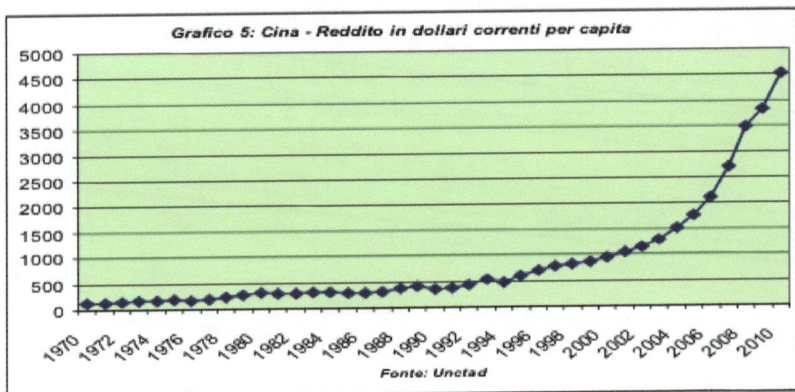

Fonte: Unctad

Grafico 5.1 - China - Stock degli Investimenti Esteri in Entrata (Milioni di $ correnti)

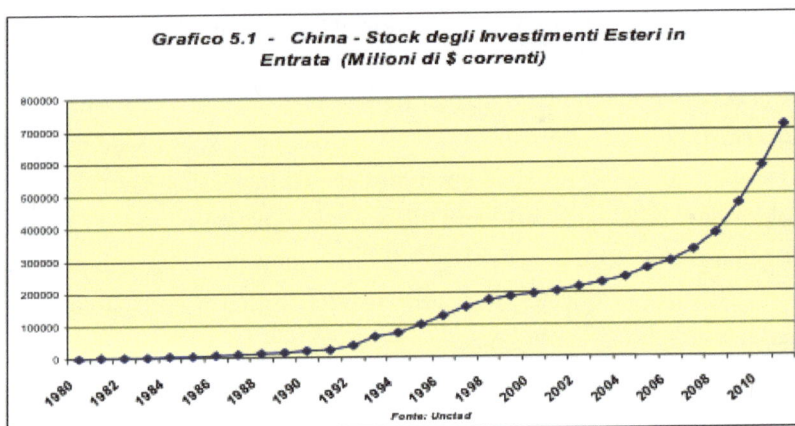

Fonte: Unctad

La natura esogena di queste origini dello sviluppo della Cina – ma non diverse sono quelle degli atri paesi in via di sviluppo, testimoniata dagli andamenti di saldi degli Investimenti Diretti Esteri – V. Grafico 5.2 – conferma l'accordo tra i governi orientali e il capitalismo occidentale e giapponese.

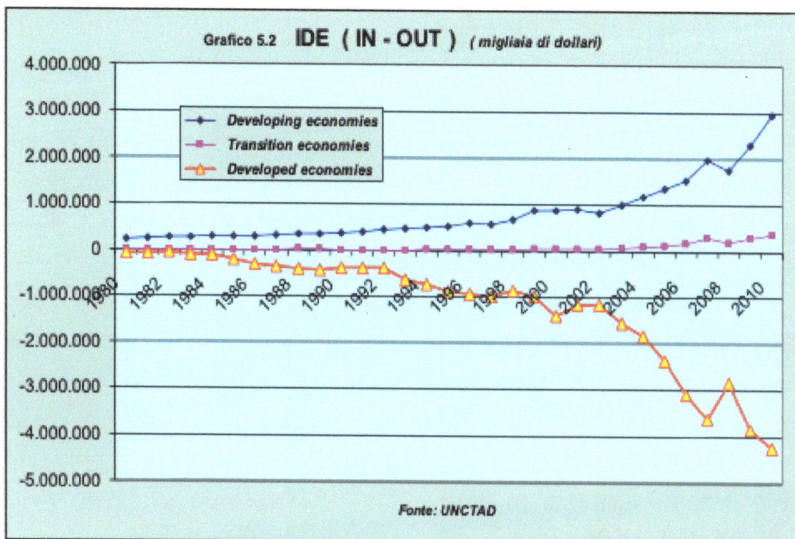

Grafico 5.2 IDE (IN - OUT) (migliaia di dollari)

- Developing economies
- Transition economies
- Developed economies

Fonte: UNCTAD

Questo processo di allargamento delle frontiere dello sviluppo coinvolgendo paesi prima appartenenti ad aree depresse, ha evidenti meriti, ma comprende anche notevoli negatività. L'incontro tra economie diverse implica – in particolare nel caso della Cina ma non unicamente – un accordo tra imprese occidentali e governi locali. Questi governi, a loro volta, non esauriscono gli obiettivi di sviluppo in questi accordi ma sapendo di dover guardare anche oltre, al prossimo futuro, sanno di dover perdere nel tempo gli attuali fattori competitivi basati essenzialmente su condizioni sociali e ambientali di comodo. In questo senso si colloca l'andamento delle spese in R&S che nel caso, ad esempio, della Cina, aumentano al ritmo di circa il 10 % all'anno e hanno raggiunto nel 2009 un valore pari all'1,7 % del Pil, cioè ormai simile o superiore a quelli di alcuni paesi occidentali, incominciando dall'1,26 % del Pil in Italia. L'assenza in quelle aree di un progetto politico di stampo democratico implica la concomitante presenza in questo processo economico di componenti negative come gli sfruttamenti di quelle condizioni sociali e ambientali

15

insostenibili, ma peraltro influenti sul flusso degli IDE. Ma ancora più grave è l'assenza di una politica dell'Unione Europea, che dimenticando quel patrimonio di valori accumulati nei secoli, pur tra tragedie ed errori drammatici, attualmente non è in grado nemmeno di superare i limiti di un'unione monetaria che, ormai, nulla ha a che vedere con quell'Europa dei Padri fondatori. Questa assenza di un attore politico pubblico adeguato alle problematiche della globalizzazione è la critica che occorre esprimere nei confronti dell'attuale Unione Europea in quanto unico interprete possibile in quel ruolo ma anche erede di un mandato di quei padri che farebbero oggi fatica a riconoscersi in questa Unione. La questione non è solo etico–morale ma di capacità di guida e di controllo di attori che vedono in quel processo solo delle opportunità soggettive. Da qui al peso determinante delle visioni privatistiche e liberiste il passo è, evidentemente, molto breve.

Questo processo, comunque, ha aperto le porte ad un intenso sviluppo di scambi economici compresi quelli finanziari. Questi ultimi non trovando nessuna regolazione politica entro questi nuovi orizzonti globali, hanno anche scoperto che si potevano fare profitti senza l'intermediazione dell'economia reale, cioè della produzione di merci, ma semplicemente scambiando pezzi di carta con altri pezzi di carta, con buona pace dei rapporti sociali esistente nell'economia reale.

Nel complesso, comunque, quella diversa articolazione su scala mondiale della crescita economica e degli investimenti, si traduce in andamenti negativi dell'occupazione e dello sviluppo in un'Europa che, contrariamente agli USA, non dispone nemmeno di una banca centrale. Questa Europa è il risultato di questi ultimi decenni liberisti e che, come tali, doveva abbandonare i valori costituenti senza i quali, tuttavia, incomincia ad essere evidente a tutti che quell'Europa dei Padri non può esistere. Ma anche che questa Europa, dimenticando la sua storia, diventa, come si è visto, inutile nello scenario internazionale e negativa sul piano interno.

Le conclusioni di queste prime annotazione sono, quindi le seguenti:

– La crisi economica che stiamo attraversando non è una crisi mondiale ma è una crisi delle aree più sviluppate a fronte di un'uscita dal sottosviluppo di aree precedentemente, appunto, sottosviluppate. La dizione di crisi mondiale non è quindi corretta ma traduce una visione del mondo di stampo eurocentrico (o occidentalcentrico);

– Questa articolazione della crisi è stata resa possibile da una globalizzazione che dalle origini politiche – il crollo del muro di Berlino – ha avuto uno sviluppo dominato dalle logiche economiche libere di manifestarsi senza vincoli per mancanze di regole specifiche per quel nuovo orizzonte operativo e tali da consentire anche le forme deteriori di produzione del profitto da parte di una economia finanziare senza nemmeno più una relazione con l'economia reale;

– L'assenza di un attore come avrebbe dovuto essere l'Unione Europea, è un vuoto centrale che ha agevolato quelle forme deteriori ma anche il blocco nell'elaborazione delle correzioni necessarie;

– In questo quadro diverse sono state le reazione e le capacità di adattamento da parte delle varie economie nazionali. Nel caso del nostro paese già dalla metà dell'anno '80 si erano consumati gli asset nazionali che avevano portato al "miracolo economico" ed erano in atto quei processi di perdita di competitività che, con la nuova crisi internazionale, si darebbero ulteriormente aggravati

– L'allarme della CGIL del 2002 circa il rischio "declino industriale" era, quindi, più che giustificato ma "scomodo" e come tale, rimasto sottovalutato o peggio anche dalla stessa CGIL.

2.

Lo sviluppo degli scambi commerciali e le modificazioni tecnologiche

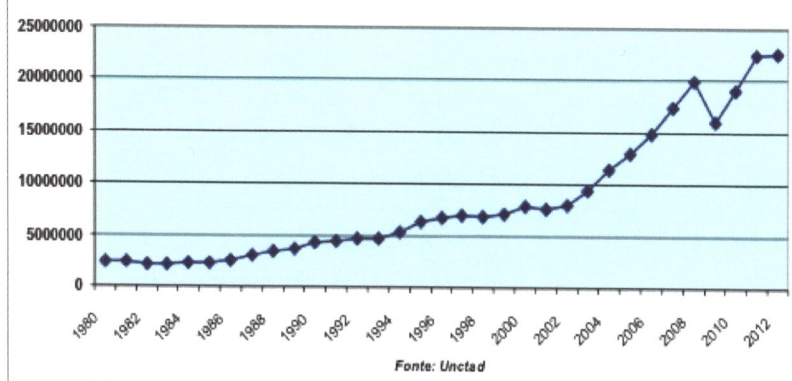

Grafico 6 - World: valore dei beni e servizi esportati (in milioni di dollari correnti)

Fonte: Unctad

Il Grafico 6 ci conferma, intanto che l'entità del fenomeno della crescita degli scambi commerciali ha assunto, pur tra alti e bassi, una dinamica accentuata negli ultimi decenni. Questo ci richiama, tra l'altro, l'importanza crescente che assumono ai fini dello sviluppo, le capacità competitive essendo i saldi commerciali direttamente connessi con le variazioni del Pil e, nel contempo, il fatto che le quantità delle merci e dei servizi prodotti dalle singole economie sono esportate in percentuali crescenti.

Al dato quantitativo occorre aggiungere un dato per certi versi ancora più significativo, anche al fine del tema oggetto di questo intervento. Ci si riferisce al fatto che i prodotti così detti ad alta tecnologia, pur all'interno di dinamiche commerciali generali sostenute, acquistano un peso crescente. Il Grafico 7 indica che dal 1980 al 1998 i valori delle esportazioni dei prodotti HT a livello mondiale sono aumentate sul totale delle esportazioni di oltre dodici punti percentuali, passando dal 19% al 31%.

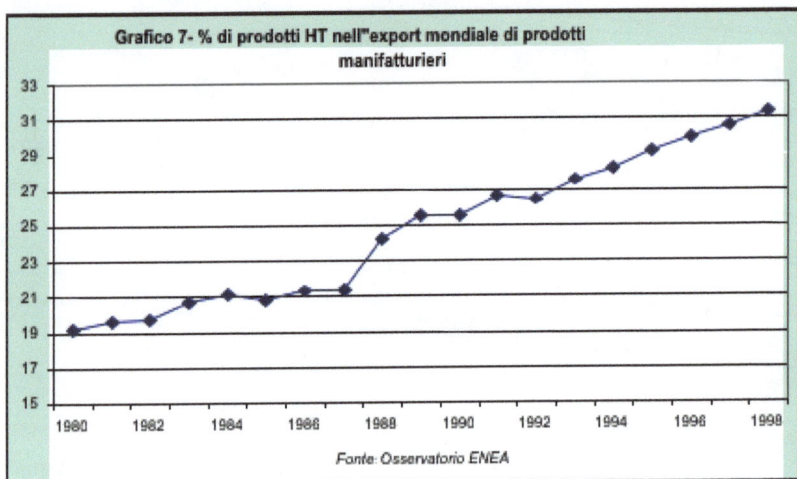

Grafico 7- % di prodotti HT nell''export mondiale di prodotti manifatturieri

Fonte: Osservatorio ENEA

Naturalmente questa crescente presenza negli scambi commerciali di prodotti via via tecnologicamente migliori è un fatto storico e oggi possiamo dare dei riferimenti numerici per il semplice fatto che disponiamo delle statistiche necessarie. Tuttavia è interessante rilevare come nella seconda metà degli anni ottanta si verifica non solo un salto significativo, ma anche un cambiamento della dinamica.

Tutto questo non deve stupire, naturalmente La teoria economica ha sempre considerato l'innovazione tecnologica un fattore di sviluppo economico. Lo stesso famoso esempio della fabbricazione degli spilli citato nel *Trattato sulla ricchezza delle nazioni* di Adam Smith del 1776 contiene in sé già la teoria delle economie di scala, della specializzazione produttiva e, quel che sembra ancora più stupefacente, la coscienza delle forme di alienazione del connesso lavoro manuale disarticolato e ripetitivo. La terapia indicata allora da Smith stava nel ricorso alla scuola dell'obbligo a livelli che attualmente corrisponderebbero all'università. Occorre sottolineare come questo "rimedio" era solo parzialmente indicato come utile per fornire migliori prestazioni lavorative ma, piuttosto, come correttivo dell'alienazione prodotta da un certo tipo di lavoro. Quello che sfuggì allora a Smith era la questione che con quel livello d'istruzione quel lavoro sarebbe diventato ancora più alienante.

Certamente ai tempi della prima rivoluzione industriale, cioè ai tempi di Smith non si poteva dire che la scienza offrisse soluzioni ai problemi produttivi e alle esigenze dello sviluppo; caso mai era vero il contrario nel senso che era il pragmatismo delle conoscenze tecniche ed artigianali ad offrire strumenti ai ricercatori. Certo poi dietro ad un cannocchiale ci doveva essere un Galileo e sotto una mela un Newton. Ma nel frattempo la prima macchina a vapore della metà del 1700 viene realizzata mentre era ancora imperante la teoria del flogisto.

Ma già con la seconda rivoluzione industriale le cose incominciano a cambiare in maniera non casuale. Ad esempio in Prussia la necessità politica di affrontare la supremazia in Europa e nel mondo dell'Inghilterra e della Francia – siamo nella seconda metà dell'ottocento – condusse un ministro di Bismarck, il ministro Listz, a dar vita ad una delle prime manifestazioni di moderna politica industriale attraverso una serie di sostegni pubblici alla creazione di competenze in vari campi tecnologico-produttivi, compreso il settore chimico, anche attraverso la creazione di laboratori di ricerca pubblici, avviando quella che sarebbe diventata una supremazia sino ai giorni nostri della chimica tedesca.

Il peso crescente della tecnologia nella produzione di beni e di servizi e le connessioni tra queste tecnologie e le conoscenze scientifiche via via disponibili dovevano necessariamente attrarre l'attenzione degli economisti. Tuttavia pur essendo pressoché unanime il riconoscimento del ruolo del mutamento tecnologico nei processi di sviluppo, non esiste un modello econometrico – anche a prescindere dalle scuole economiche di riferimento – che renda conto in termini convincenti di queste relazioni. Questo potrebbe essere spiegato con il fatto che la conoscenza scientifico-tecnologica è riconosciuta come essenziale per lo sviluppo economico ma non è possibile assumerla e trattarla come uno dei fattori della produzione, come il capitale ma nemmeno come il lavoro in quanto senza la libertà e senza la fantasia questo tipo di lavoro avrebbe una produttività molto bassa. Si tratta di un aspetto che deve essere sottolineato in quanto mette sul tavolo quei valori dell'eguaglianza che non hanno soli riflessi economici ma anche e, forse, soprattutto, sulla qualità della libertà e del consenso sociale.

Naturalmente un tema del genere non può essere affrontato in questa occasione ma c'è comunque lo spazio per riprendere un'affermazione di Paolo Sylos Labini che trovava *"sorprendente quanta poca attenzione gli economisti dedichino alle grandi questioni del cambiamento tecnologico; le cose sono un po' migliorate dall'epoca della mia tesi (1942), ma ancor oggi mi sembra che gli economisti dedichino relativamente troppa energia all'analisi di un problema come l'equilibrio economico generale e troppo poca alle innovazioni e allo sviluppo."* Un'osservazione degli anni cinquanta ma che può essere tutt'ora valida.

Un'eccezione è certamente rappresentata da J. A. Schumpeter con la ben nota teoria dello sviluppo economico nella quale gli andamenti ciclici sono interpretati come il succedersi di innovazioni radicali che generano delle famiglie di innovazioni minori – così dette incrementali – sino a esaurirsi dando luogo, infine, ad una fase di declino. È a questo punto che interviene la figura, un po' mitica, dell'imprenditore-innovatore che distrugge un presente non più interessante, per poter costruire così un nuovo sistema basato su nuovi prodotti e nuovi servizi derivanti a loro volta da maggiori investimenti in ricerca e in nuove innovazioni. L'innovatore a questi fini si allea con la finanza attratta a sua volte dalle possibilità di recuperare margini di profitto che nel tempo, con il declino, si erano andati riducendo.

I grandi cicli sinusoidali indicati da Schumpeter, anche sulla base di alcune statistiche di lungo periodo, hanno una dimensione temporale dell'ordine dei 50-70 anni. Questa dimensione temporale deriva tuttavia da un'elaborazione di un altro economista, N. Kondratieff (un economista sovietico della prima metà del secolo scorso) e, secondo Schumpeter riflettono, come accennato, un'evoluzione e uno sviluppo dei processi produttivi attraverso la scoperta e l'utilizzo di nuove conoscenze e nuove tecnologie. Da parte di altri economisti si preferisce – e forse appare maggiormente realistico – immaginare che l'andamento relativo del costo del lavoro rispetto al costo del capitale sia una leva del cambiamento tecnologico dal momento che un aumento relativo del costo del lavoro rende vantaggiosa una sua riduzione ottenibile comunque con nuove macchine e nuove forme organizzative che risparmino lavoro. Tuttavia questa logica può spiegare – oltre alle ben note opposizioni luddiste – una parte, ancorché importante, del processo di sviluppo ma non quello relativo alla produzione di prodotti e servizi del tutto nuovi e che, come tali, traducono anche una maggiore disponibilità di nuove conoscenze scientifiche. Prodotti e servizi che consentono, almeno in partenza e sino a che conservano una condizione di mercato più o meno accentuata di monopolio o di oligopolio, una maggiore profittabilità.

Tuttavia il patrimonio sempre più ampio delle conoscenze scientifico–tecnologiche disponibili tende a ridurre le distanze tra innovazioni radicali e innovazioni incrementali nel senso che innovazioni anche non radicali di prodotti già esistenti sul mercato, non solo consentono di alimentare e sostenere la competitività, ma pur non essendo radicalmente nuovi, possono fruire, almeno per un certo periodo di tempo, di strutture di mercato variamente controllato. A sua volta la corrispondente struttura della competitività sollecita una domanda di conoscenze scientifico–tecnologiche sino ad arrivare a scoprire, nelle situazioni più avanzate, anche gli effetti positivi della ricerca libera e della ricerca fondamentale.

Le logiche delle visioni di Schumpeter comprendono anche un elemento non sempre posto nella giusta rilevanza – nemmeno dallo stesso Schumpeter – e cioè il fatto che la realizzazione delle nuove tecnologie viene determinata da un aumento degli impegni di spesa in ricerca scientifica e tecnologica nei momenti in cui il declino sollecita un qualche intervento per invertire una tendenza economica altrimenti negativa. Un'ipotesi verso la quale si possono fare due osservazioni. La prima nel ritenere che sia possibile immaginare un aumento della spesa in settori, almeno a quei tempi, a rendimento differito – quelli della ricerca – nei momenti di crisi, cioè nei momenti bassi del ciclo. Un'operazione "illuministica" ma anche obiettivamente difficile da realizzare senza immaginare l'intervento pubblico. La seconda osservazione è di maggior rilevanza in quanto evidenzia come le ipotesi di Schumpeter implichino che le innovazioni siano in qualche misura programmabili, il che rappresenta una questione di estrema importanza – anche se non sottolineata dagli economisti – e intorno alla quale sono opportune alcune riflessioni che ci conducono direttamente alla seconda parte di questa elaborazione e cioè a quella dizione di "società della conoscenza" che ci è apparsa fortemente contrastante con la realtà delle varie crisi in atto.

Il lungo percorso dell'intreccio tra conoscenza scientifica – innovazione tecnologica – sviluppo economico e sociale, non solo, come si è visto, era – ed è – ormai entrato nella realtà ma quel percorso era – ed è – a sua volta condizionato e caratterizzato dalla stessa qualità dello sviluppo che aveva contribuito a creare. A riprova basti pensare come sia impossibile ragionare sui problemi attuali senza avere alle spalle, ad esempio, la scuola dell'obbligo e la spinta sociale che ne ha determinato la realizzazione, compreso la critica alla logica del funzionamento del sistema economico-produttivo.

Questo sistema, come si è visto, è soggetto a crisi anche drammatiche, connesse con la necessità di questo stesso sistema di ottenere un profitto – altrimenti dovrebbe portare i libri contabili in tribunale. Questo necessario obiettivo si pone in alternativa ad obiettivi di interessi diversi. Nel complesso, mentre tutti riconoscono che è necessario che quel sistema assicuri il miglior utilizzo delle risorse disponibili – almeno per quanto riguarda il lavoro e il capitale e recentemente anche l'ambiente – questo in sostanza non avviene. Attorno a questi fallimenti si sono via via costruiti sistemi interpretativi che vorrebbero indicare le soluzioni. Per ora con risultati che sono, per la verità, ampiamente insoddisfacenti e che, proprio per questi esiti negativi, spesso restano senza autore o avvitati su se stessi, mentre restano del tutto valide le valutazioni critiche del sistema vigente e cioè l'impossibilità logica e sperimentale di assicurare uno sviluppo fidando nell'azione e nella logica del funzionamento di una costruzione teorica come il libero mercato. Le culture liberiste, per la loro responsabilità nella creazione della crisi e nella parallela impossibilità a risolvere, – se non aggravando una sempre più antistorica ricostruzione di divari classicisti – sono sul tavolo della critica, ma ancora pienamente operanti, anche a livello europeo.

In conclusione:

– Se il ruolo della tecnologica ha da sempre accompagnato lo sviluppo, in questi ultimi decenni questo ruolo è cresciuto in assoluto e anche con una dinamica crescente.

– Tuttavia questo cambiamento non è solo quantitativo ma traduce il cambiamento delle relazioni tra conoscenza scientifica e applicazioni tecnologiche.

– L'accumulo delle conoscenze scientifiche e del potenziale tecnologico ha dato luogo ad un nuovo strumento per lo sviluppo: la programmazione dell'innovazione tecnologica

– L'utilizzo di questo strumento apre una serie di questioni di natura etica, politica, sociale oltre che economica.

3.

L'economia reale italiana e le sue anomalie — cause e concause

Prima di arrivare alla questione della società della conoscenza sono opportune alcune considerazioni in materia di crisi del nostro paese che, come abbiamo già visto, ha contenuti e cause che non si esauriscono nei dati della crisi economica internazionale. La questione appare di particolare rilevanza in quanto mentre la crisi internazionale deve trovare degli interpreti e delle terapie analogamente internazionali, i problemi e i deficit specifici del nostro paese non solo non possono pretendere un analogo trattamento ma difficilmente possono essere affrontati al di fuori della nostra responsabile partecipazione. Il superamento della crisi internazionale non comporta, quindi, il superamento della nostra condizione di crisi, ma potrebbe anche voler dire esattamente il contrario. Questa ipotesi viene rafforzata dalla constatazione che la necessità di intervenire sugli effetti della crisi internazionale viene ampiamente utilizzata per dirottare le analisi e le cronache a quel livello, mettendo così in ombra gli errori e le responsabilità dirette e specifiche della classe dirigente nazionale nel suo complesso.

In questo scenario appena tratteggiato è, dunque, di un qualche interesse porsi la domanda: come si colloca effettivamente il nostro paese?. Venendo da un dopo guerra dove era molto evidente la condizione di paese agricolo con un forte ritardo nelle strutture industriali e sociali, oltre che con il lascito delle rovine di un regime e di una guerra sbagliati, il ritrovarsi nel giro di alcuni lustri – e pur grazie anche agli aiuti internazionali – tra i primi paesi industriali è stato certamente una prestazione che giustifica quel miracolo economico che, con pareri unanimi, ci venne riconosciuto. I nostri indicatori dello sviluppo economico segnavano, infatti, ritmi di crescita non solo elevati ma mediamente superiori a quelli dei paesi nostri partner a livello internazionale, Verso la metà degli anni ottanta queste tendenze mostrano un arretramento progressivo e pressoché costante sino ad incrociare la crisi finanziaria ed economica internazionale di questi anni. V Graf. 3. Questo nostro declino, come si vede, non ha nulla a che fare con la crisi finanziaria ed economica internazionale, se non per il fatto che ha offerto a questa crisi un terreno già indebolito.

Sulla lettura della specificità della crisi italiana non sembra facile, tuttavia, che si diradi il velo che tende a confonderla, in buona misura, con la crisi internazionale, magari con le aggravanti dei "difetti" nazionali. E tra questi difetti in primo piano è stato messo quello del lavoro in termini di scarsa flessibilità, costo complessivo, rigidità sindacali, ecc. Insomma il sistema economico italiano sarebbe stato bloccato da un mercato del lavoro che non consentiva il libero gioco del mercato.

Poiché queste concezioni hanno un fondamento teorico–sperimentale a dir poco controverso, era facilmente prevedibile il fallimento di questi interventi che pur lasciavano morti e feriti sul campo. Più recentemente quelle critiche al mercato del lavoro hanno trovato una versione tale da poter raccogliere il consenso delle diverse parti sociali e cioè una riduzione del così detto "cuneo fiscale". Un provvedimento del genere potrebbe agevolare – se consistente e spostato a favore del lavoro– una ripresa dei consumi interni ma difficilmente potrebbe indurre una maggiore competitività del sistema economico produttivo dal momento che già da tempo il nostro costo complessivo del lavoro è inferiore e gli orari di lavoro superiori, a quelli dei nostri soci europei. Terapie quindi – come all'epoca delle svalutazioni competitive – di breve periodo essendo, evidentemente, altre le origini della nostra debolezza competitiva. Inoltre dovrebbe essere evidente che una competitività internazionale basata sul costo del lavoro in una fase storica dove la globalizzazione chiama in causa la presenza dei paesi in via di sviluppo, sarebbe una sfida persa in partenza. Ma esiste un'altra strada che può essere percorsa dal sistema economico là dove la spinta ad una ripresa della domanda risultasse – come nella situazione attuale italiana – insufficiente e cioè la strada della deflazioni. I dati statistici di fine 2013 sembrano indicare l'esistenza anche di questa soluzione, cioè un percorso coerente con la crisi storica che – non corretta – porta inevitabilmente alla depressione e oltre.

La gravità di questa nostra situazione potrebbe venire esaltata in conseguenza del fatto che poiché nel frattempo restano all'opera le cause vere della nostra specifica crisi, queste stesse non solo continuano ad operare ma, non essendo contrastate, potrebbero accrescere i loro effetti negativi. Il corretto riconoscimento delle cause di una crisi economica non è, infatti, un puro esercizio accademico ma è l'ovvia premessa per individuare una terapia corretta senza la quale gli esiti negativi sono scontati.

Tuttavia le interpretazioni alternative a quelle che cercavano le soluzioni sul fronte del lavoro, dopo quel fallimento tendono ad attribuire la nostra crisi alle politiche avviate dal 1992 con i percorsi di partecipazione alla creazione dell'Unione Europea, al Trattato di Maastricht, ecc. Tutti i dati confermano come i provvedimenti presi per entrare in Europa hanno rappresentato un appesantimento della nostra situazione. Ma appare difficile attribuire a queste cause anche le difficoltà che preesistevano da non pochi anni. Per essere convincente questa ipotesi dovrebbe assumere che sino agli anni precedenti al 1992 il sistema economico nazionale non aveva da affrontare quegli stessi vincoli resi evidenti dai processi di unificazione europei. Ma questa assunzione è indimostrabile per il semplice motivo che da tempo il nostro sistema produttivo perdeva competitività e capacità di sviluppo.

In definitiva il nostro declino economico era precedente agli anni '90 e sin dalla fine degli anni '70 la nostra competitività si reggeva su forti interventi di svalutazioni competitive – V. Graf. 7.1 – e con questa copertura potevamo anche illuderci che il sistema delle nostre PMI, del made in Italy, che pur avevano rappresentato, compreso i Distretti Industriali, il nostro fattore di successo, potesse continuare ad esserlo anche quando le cose a livello internazionale e comunitario sarebbero cambiate.

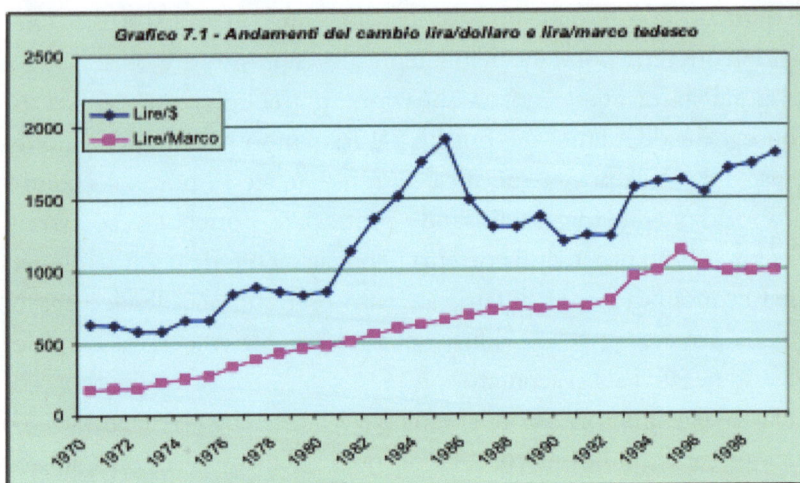

Grafico 7.1 - Andamenti del cambio lira/dollaro e lira/marco tedesco

Ma questa ipotesi, già di per sé poco ragionevole, non si basava su alcuna analisi e valutazione di un qualche spessore. A conferma di tutto ciò si può ricordare uno studio condotto da Momigliano e Siniscalco e pubblicato nel 1985. A un certo punto di quella pubblicazione si dice[*]: *"Anche se l'interpretazione è stata puramente descrittiva, i risultati ottenuti, insieme ad altre indagini più dettagliate soltanto per prodotti (che hanno posti in luce una persistente e crescente inferiorità dell'Italia nell'export dei prodotti ad elevato contenuto tecnologico), hanno tuttavia indotto una nota e diffusa preoccupazione: quella di un paese specializzato in prodotti maturi, a basso contenuto tecnologico e domanda scarsamente dinamica, sottoposti, per la legge di imitabilità delle tecnologie, alla crescente competizione dei paesi di nuova industrializzazione ed in via di sviluppo."*

Da allora ad oggi quelle preoccupazioni si sono trasformate in certezze, avendo trovato conferma prima di tutto negli andamenti negativi dei nostri saldi commerciali nei prodotti ad alta tecnologia.– V. Grafico 8 – mentre, come appare dai dati sulla percentuale di prodotti ad alta tecnologia esportate dai paesi dell'Unione – V. grafico

---

[*] *"Innovazione, competitività e vincolo energetico"* a cura di Fabrizio Onida – 1985, pag. 541, Ed. *Il Mulino*

8.1 – è proprio su questo fronte che ogni paese difende il proprio equilibrio negli scambi commerciali.

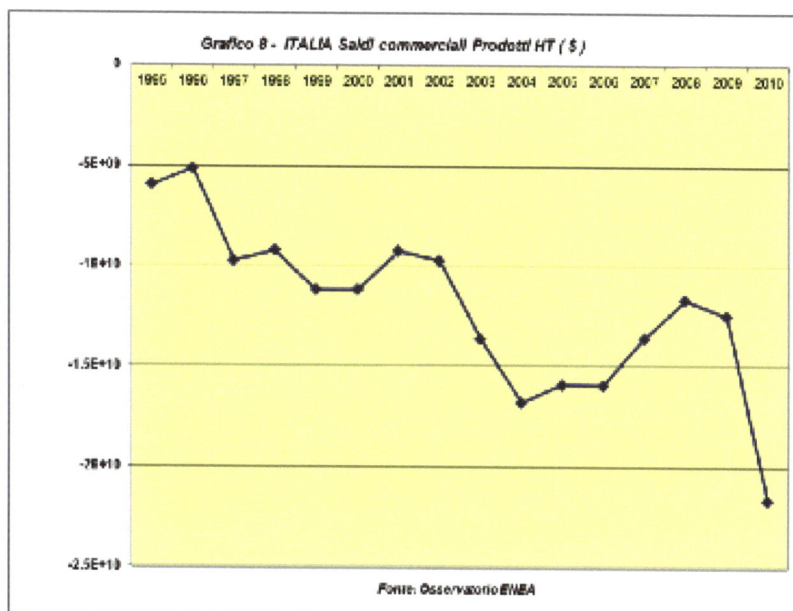

Grafico 8 - ITALIA Saldi commerciali Prodotti HT ($)

Fonte: Osservatorio ENEA

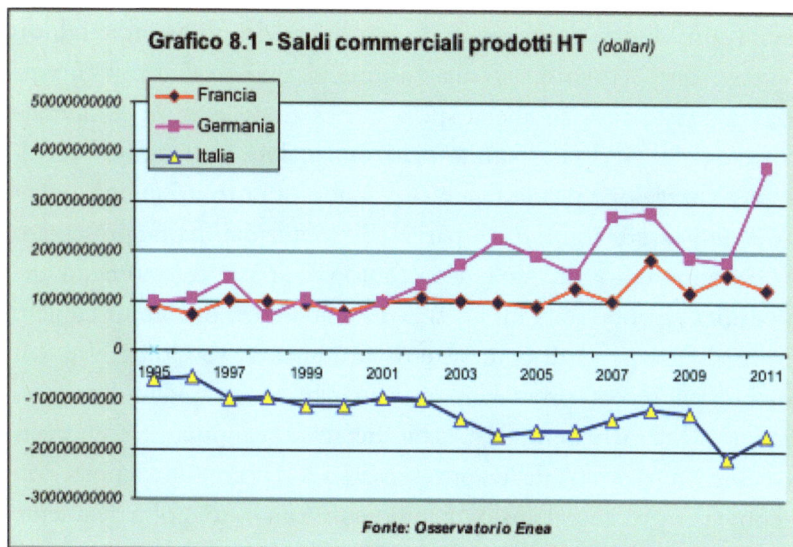

Grafico 8.1 - Saldi commerciali prodotti HT *(dollari)*

Francia
Germania
Italia

Fonte: Osservatorio Enea

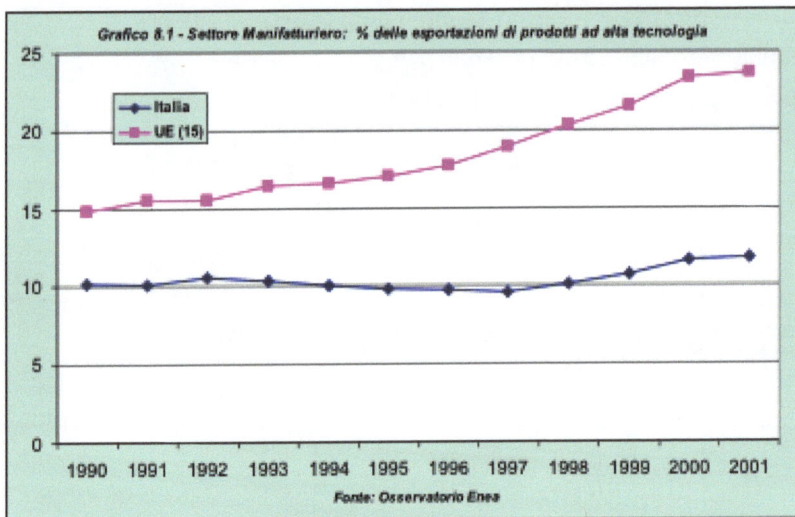

Fonte: Osservatorio Enea

Lungo questa riflessione occorre aggiungere che da parte di molti si è cercato – e tutt'ora si pretenderebbe – di semplificare il tema delle politiche industriali da mettere in opera, riducendole ad un problema di aiuti ed incentivi alle spese in Ricerca a favore delle imprese. Si assume, cioè, che la scarsa spesa in ricerca da parte delle nostre imprese sia il frutto di un atteggiamento un po' avaro dei nostri imprenditori nei confronti di questo tipo di investimenti. Può sembrare strano ma l'ovvia considerazione che la spesa in ricerca delle imprese dipende in prima e in seconda battuta dalla dimensione dell'impresa e dalla specializzazione produttiva e che, quindi, i raffronti internazionali devono essere condotti "a parità" di condizioni, ha rappresentato uno strano vuoto metodologico. Tanto più strano dal momenti che la verifica sarebbe stata molto agevole trattandosi di comportamenti "normali" da parte di ogni sistema produttivo. V. Grafici 9 e 9.1. Anche i più recenti provvedimenti che offrono un credito d'imposta del 50 % agli incrementi di spesa in ricerca e sviluppo, verranno certamente "apprezzati" dalle imprese, salvo poi riscontrare a posteriori – come per precedenti analoghi interventi – un esito molto deludente sul piano della nostra competitività generale. Questo era – ed è – del tutto comprensibile se solo si confrontano le percentuali delle spese in R&S delle imprese sostenute dallo Stato nel nostro paese rispetto a quelle che si verificano nei paesi, ad esempio, dell'UE-15. (V. Grafico 8.2).

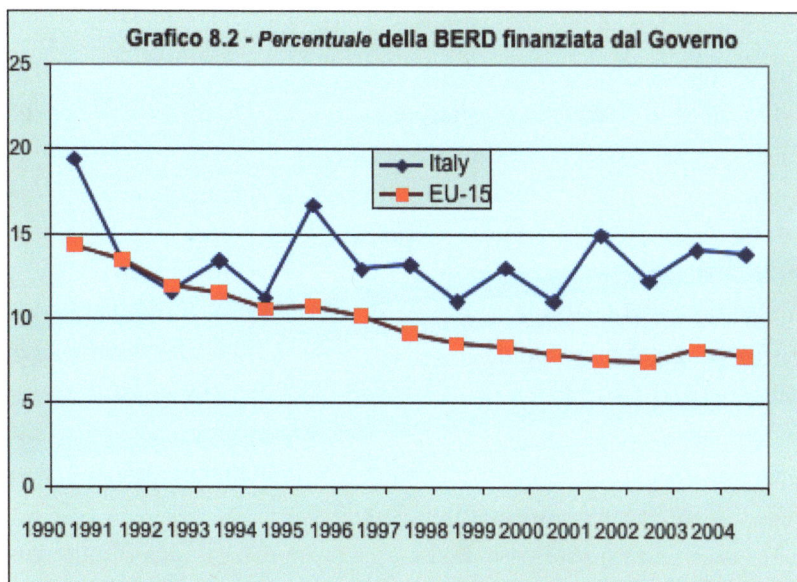

Grafico 8.2 - *Percentuale* della BERD finanziata dal Governo

Italy
EU-15

25
20
15
10
5
0

1990 1991 1992 1993 1994 1995 1996 1997 1998 1999 2000 2001 2002 2003 2004

Se la percentuale della spesa in RS delle imprese e sostenute dal Governo italiano sono costantemente maggiori delle percentuali sostenute dai Governi degli altri paesi dell'UE-15, quegli esiti deludenti sul piano della competitività internazionale vanno ricercati nel diverso valore assoluto della spesa in R&S, sostenuta dalle imprese italiane rispetto a quello relativo a questi altri paesi. Valori, come è noto, non solo nettamente inferiori ma anche divergenti.

Il perché una simile ovvietà faccia tutt'ora difficoltà ad essere accolta e compresa è un interrogativo da rivolgere ai vari responsabili delle politiche economiche e industriali del paese, compresa la Banca d'Italia, tanto più quando nella Relazione Annuale del maggio 2013 afferma che *"Gli incentivi pubblici alla R&S e all'innovazione delle imprese hanno conseguito risultati modesti. La loro efficacia ha risentito negativamente della frammentazione degli interventi, dell'instabilità delle norme e dell'incertezza sui tempi di erogazione"*. Si tratta ovviamente di prassi negative ma certo del tutto insufficienti per spiegare quei "modesti" risultati .Sperare di modificare situazioni strutturali e di lungo periodo con degli incentivi equivale, nelle migliori delle ipotesi, a confessare una fuga dal problema.

Un ulteriore tentativo di spiegare la specificità della nostra crisi ha chiamato in causa gli effetti negativi di una pubblica amministrazione – giustizia compresa – inefficiente, l'esistenza di condizioni di malcostume, di evasione fiscale, di corruzione, ecc. Difetti che avrebbero prodotto anche una non attrattività degli investimenti esteri. Senza nulla togliere alla pesante negatività di questi fattori, si rischia tuttavia ancora una volta di eliminare o di oscurare le cause più strutturali di una crisi e che si traduce nel progressivo allontanamento del nostro sistema produttivo dai percorsi dei paesi nostri soci nella costruzione dell'Europa. Un allontanamento che certamente poi induce effetti negativi anche sui comportamenti etici e culturali.

Il fatto è che quelle osservazioni espresse dalla Banca d'Italia circa le *"dimensioni troppo ridotte per competere pienamente"* e quelle specializzazioni produttive *"prossime a quelle dei paesi emergenti"* sono aspetti negativi ben noti da vari decenni che hanno come prima conseguenza quella di produrre merci con un valore aggiunto per ora lavorata progressivamente inferire – tra il 20 e il 40% – a quello dei nostri partner europei. Un andamento che si riflette sull'andamento anche della nostra produttività del lavoro. V. Grafico 9.2. Una differenza in negativo che, oltre a tutto, tende a crescere nel tempo. Come si vede si tratta di questioni che ben poco hanno a che fare con cause come il costo del lavoro o simili, essendo, tra l'altro, il costo del lavoro in Italia pressoché da sempre inferiore a quello della Francia e della Germania. V. Grafico 9.3.

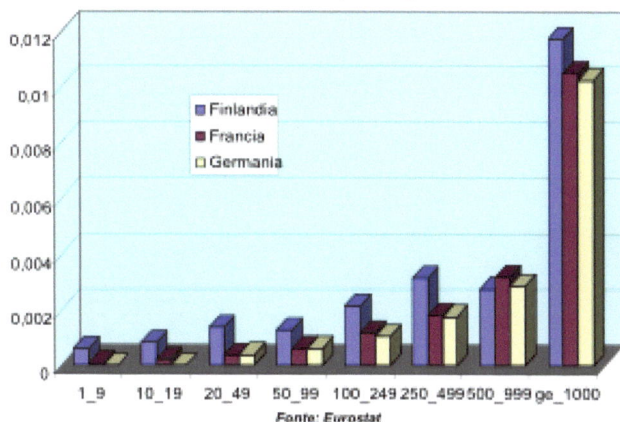

Grafico 9 - Spesa in ricerca per addetto in funzione delle dimensioni d'impresa
(Milioni di $)

Fonte: Eurostat

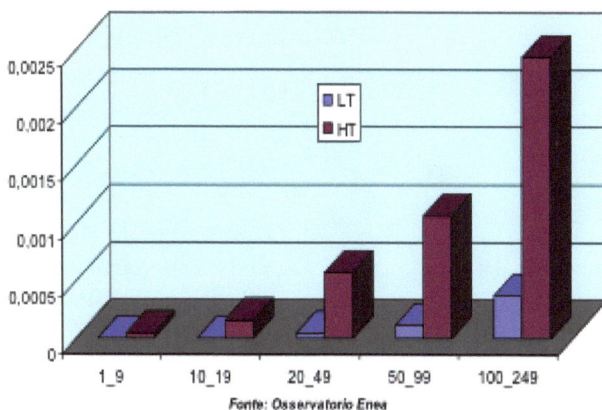

Grafico 9.1 - Italia: spesa in R&S per addetto nelle inprese HT e LT in funzione del numero di addetti
(anno 1998)

Fonte: Osservatorio Enea

Grafico 9.3 - Costo orario del lavoro nel Settore Manifatturiero.
(in $ ppp)

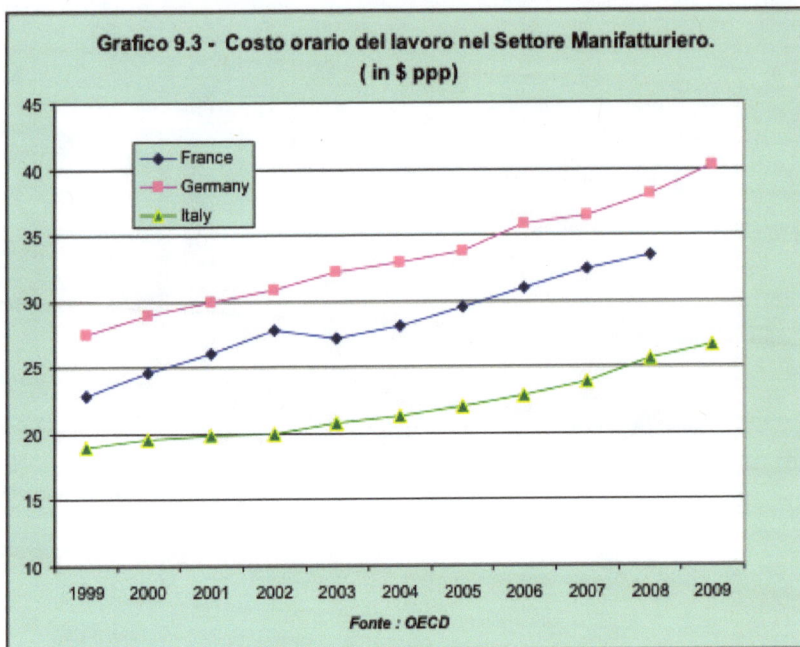

Fonte : OECD

Al ritardo strutturale del sistema produttivo – che si accompagna ad una parallela modesta qualità dei servizi – occorre dunque, aggiungere un ritardo politico–culturale di ancor maggior importanza da parte dell'intera classe dirigente. Probabilmente non è un caso se l'ottica di breve periodo e microeconomica che è congeniale alla PMI, si sia trasferita nella cultura della politica economica con effetti negativi su tutto il Paese. Fatto sta' che quelle pur tardive osservazioni sono sempre in attesa di un intervento conseguente da parte della politica.

---

1. La competitività del settore dei Servizi non viene qui trattata. Tuttavia occorre rilevare come la qualità tecnologica dell'apparato industriale sia determinante per la qualità tecnologica e per la competitività anche del settore dei Servizi. V. Ciriaci D. e Palma D., 2012. *To What Extent are Knowledge-intensive Business Services Contributing to Manufacturing? A Subsystem Analysis*. IPTS Working Paper on Corporate R&D and Innovation, No. 02/2012.

Ma poiché questa ha sposato la cultura miope degli interessi singoli e non quella della progettualità e degli interessi collettivi, si comprende come a fronte di quelle pur tardive constatazioni critiche si trovino nella realtà dei riscontri di segno opposto nel senso che: la dimensione media delle nostre imprese, già molto bassa, resta determinante e i deficit commerciali nei prodotti HT continua a crescere. E per la prima volta dal dopoguerra la variazione della produttività del lavoro scende a livelli sottozero. V. Grafico 9.2.

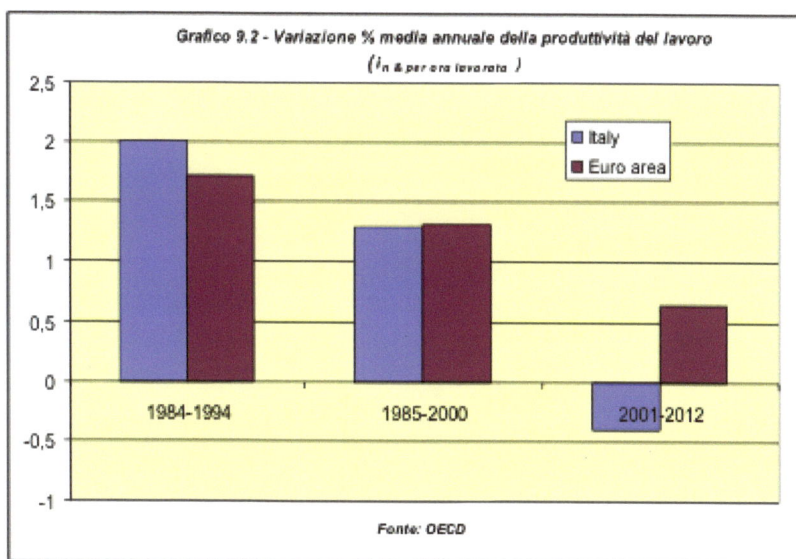

Grafico 9.2 - Variazione % media annuale della produttività del lavoro (in % per ora lavorata)

Fonte: OECD

Un andamento che, in quest'ultimo caso, traduce anche una perdita di capacità produttive. Questo cattivo andamento della nostra produttività dal lavoro, come già ricordato, viene molto spesso attribuita, per "assonanza", a una cattiva competitività del lavoro come tale: troppo costoso, poco flessibile, ecc., ecc. Questo serve anche a distrarre la riflessione dalla vera causa che sta nel nominatore e non nel denominatore del rapporto che definisce la produttività del lavoro e cioè il valore del prodotto ottenuto per unità di tempo di lavoro.

È importante rilevare come alcune debolezze strutturali del nostro sistema produttivo si siano pur lentamente poste all'attenzione anche, come si è visto, a livelli "ufficiali"; tuttavia quando poi si cercano di definire delle politiche d'intervento per correggere quelle limitazioni allo sviluppo del Paese, si ritorni a parlare di altre questioni – anche importanti, come la disfunzione dell'amministrazione pubblica, la corruzione, ecc. – mentre le terapie per una questione che ha uno spessore strutturale che coinvolge il tema della cultura economico-produttiva, della ricerca, dell'innovazione, della competitività internazionale, della politica industriale, restano a zero o utilizzate come bandierine per coprire una sostanziale conservazione.

Tentare di spiegare questo "vuoto" vorrebbe dire andare su un terreno molto differente da quello sin qui affrontato dalla politica economica del Paese. Occorre, infatti, rilevare come nel frattempo la crisi italiana si stia avvitando e i ritardi accumulati dalla mancanza di opportune politiche industriali non vengano recuperati, ma, ovviamente, tendano ad allargarsi: Il numero di persone addette ad attività di R&S nelle imprese è nell'ultimo decennio, intorno al 30% di quello presente in quasi tutti gli altri paesi europei – V. Grafico 10 – e tuttavia questo divario tende ad aumentare – V. Grafico 11 – in parallelo con la minore spesa relativa da parte delle imprese italiane in R&S, v. Grafico 12., dove si notano anche agli apporti negativi delle politiche di privatizzazioni degli anni '90.

Le recenti ipotesi di percorrere senza una valutazione critica gli stessi percorsi delle privatizzazioni degli anni novanta, appare come un'ulteriore dimostrazione di una crisi ormai avviata su se stessa.

Ma le politiche in materia di finanziamenti alla R&S pubblica appaiono ancora più miopi di quelle del sistema delle imprese dal momento che queste politiche tendono a penalizzare anche il sistema della ricerca pubblica·, mentre ormai anche la Spagna dalla fine degli anni

---

* Significativo è il caso dell'Enea, il secondo ente pubblico di ricerca del paese, gestito verso il declino da un commissariamento che dura ormai da oltre

'90 esprime una dinamica migliore di quella italiana sino a superare nel 2006, il nostro paese. V. Grafico 12.1. Si è arrivati ad approvare provvedimenti di limitazione del turn-over del personale di ricerca nelle istituzioni pubbliche di ricerca con la falsa ma significativa, giustificazione della necessità di ridurre la spesa pubblica, giustificazione falsa del momento che i bilanci degli enti pubblici di ricerca approvati dal Parlamento non distinguono nei preventivi i diversi capitoli di spesa. Si tratta, in effetti, di un provvedimento che ha un'unica logica e cioè quella di portare all'eliminazione di queste strutture.

Grafico 10 - Personale per la R&S nelle imprese manifatturiere ogni mille addetti (media 1997-2006)

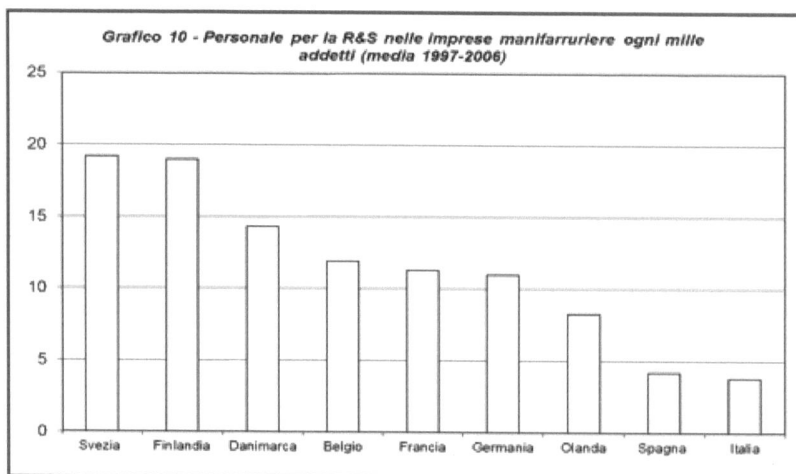

quattro anni, senza che nessuno, partiti o governo – anche qui con l'eccezione della CGIL – si sia preoccupato di eliminare questo vero e proprio scandalo. Ma i tentavi di emarginare la ricerca pubblico è generale e corrisponde alla miopia ideologica accennata.

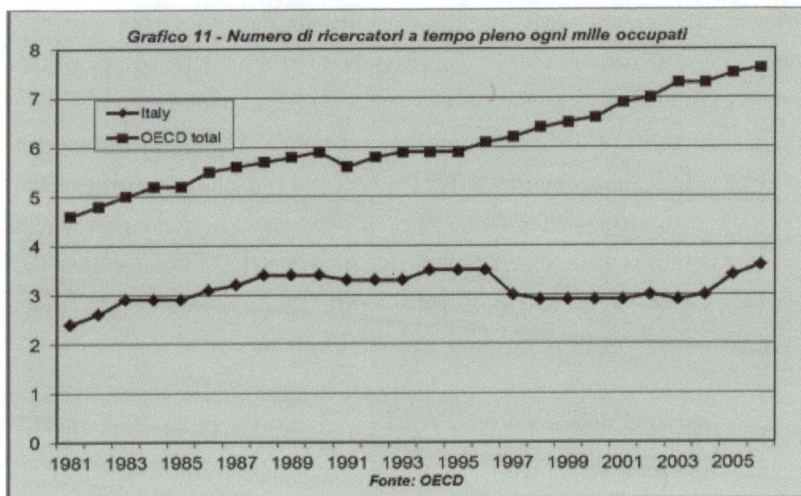

Grafico 11 - Numero di ricercatori a tempo pieno ogni mille occupati

Fonte: OECD

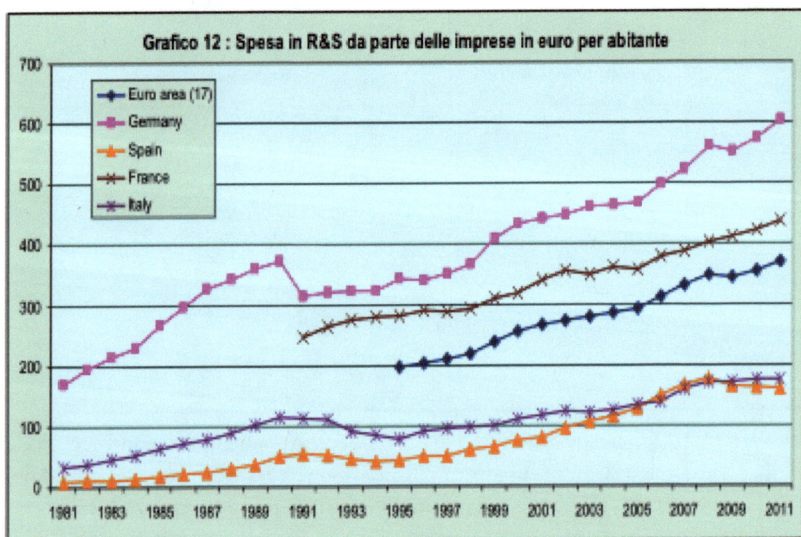

Grafico 12 : Spesa in R&S da parte delle imprese in euro per abitante

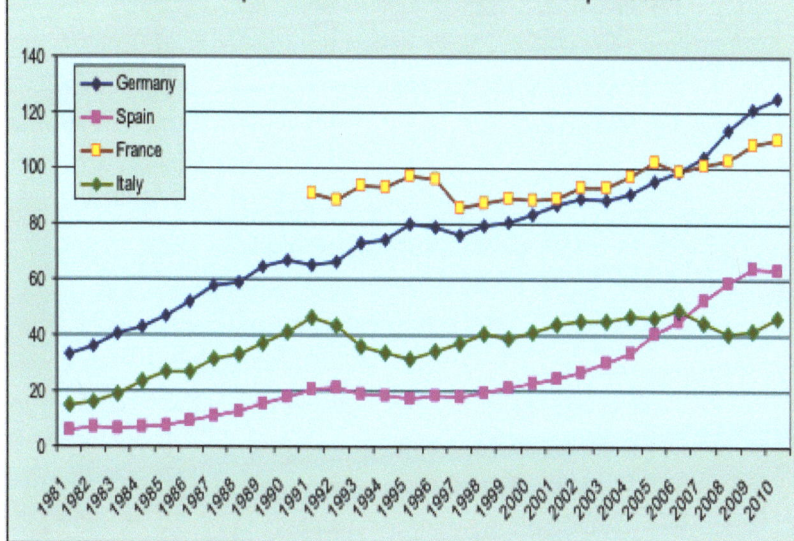

Grafico 12.1 - Spesa in R&S - Settore Governativo - Euro per abitante

Forse nel nostro paese si è inteso tradurre un approccio ideologico di politiche industriali e dello sviluppo basate sulle privatizzazioni e sul "non intervento" rispetto alla libera iniziativa, con esiti, in questi casi, ovviamente, contrari alle attese.

Particolarmente negativi devono essere considerati anche i segnali che vengono, in anni recenti, relativi ai divari nel numero percentuale delle persone tra i 25 e i 34 anni con il terzo livello di formazione, che indicano l'avvio di un'ulteriore divergenza con il resto dell'Europa. V. Grafico 13. Si tratta di andamenti del tutto coerenti con quelli relativi ai dati precedenti e come tali in varia misura prevedibili. Il fatto che non si vogliano collegare logicamente essendo questi ultimi l'effetto di una domanda non solo quantitativamente ma "qualitativamente" insufficiente, dimostra come occorre intervenire anche sul piano informativo e culturale e che una divergenza tecnologica strutturale non è un dato privo di implicazioni civili ed economiche più generali, incominciando dalle riduzioni delle immatricolazioni all'università pari al oltre il 20% nel decennio 2003/2013.

Anche questa indicazione deve essere letta insieme ad un altro dato, per certi versi ancora più significativo in quanto indica un divario accumulato in materia d'innovazioni ben maggiore di quanto appare dai tradizionali indicatori: la dimensione dei finanziamenti a rischio relativo alle ultime fasi dell'innovazione tecnologica, raggiunge nel nostro Paese un valore pari ad un quinto di quello medio raggiunto nei paesi dell'UE-15. V. Grafico 13.1.

Questo costante declino ha certamente un fondamento nella struttura dimensionale delle nostre imprese eccessivamente spostate verso le piccole e micro dimensioni e, come tali, affette naturalmente, oltre dai vincoli delle economie di scala, da un'ottica prevalente di breve periodo; tuttavia, nella situazione italiana questa brevità dello scenario strategico coinvolge anche la cultura dell'intera classe dirigente. Basti ricordare il caso dell'Olivetti elettronica "consigliata a chiudere" dal "salotto buono della finanza nazionale" e con il concorso di un Valletta allora a capo della maggiore impresa nazionale, proprio nei primi anni '60, alla vigilia del boom della TLC. Ma se si tratta di un caso eccezionale per dimensioni dell'errore, tuttavia non si tratta di un caso unico ma piuttosto di una traduzione di una specializzazione produttiva affetta da miopia acuta dal momento che mentre il Mondo stava vivendo la rivoluzione elettronica da noi era consigliato di stare sulla cultura meccanica. Questa specializzazione tecnologica ritardata è, dunque, l'altra forma della deformazione della nostra struttura produttiva che, non a caso, ricorre sempre più frequentemente ad "innovare" investendo negli acquisti di macchinari esteri. Una deformazione strutturale non facilmente modificabile.

Dunque è ragionevole supporre che anche in concomitanza con il superamento della crisi internazionale, sia tutt'altro che scontato che possa verificarsi un percorso analogo per il caso italiano e che possa essere possibile invece, che quel divario che ormai da molti anni segnala la nostra condizione negativa, debba continuare a verificarsi. Quale potrà essere l'entità di questo divario è questione ovviamente aperta e connessa ai tempi e ai modi dell'attuazione di quelle opportune politiche economiche delle quali al momento, per la verità, è difficile scorgere l'avvio.

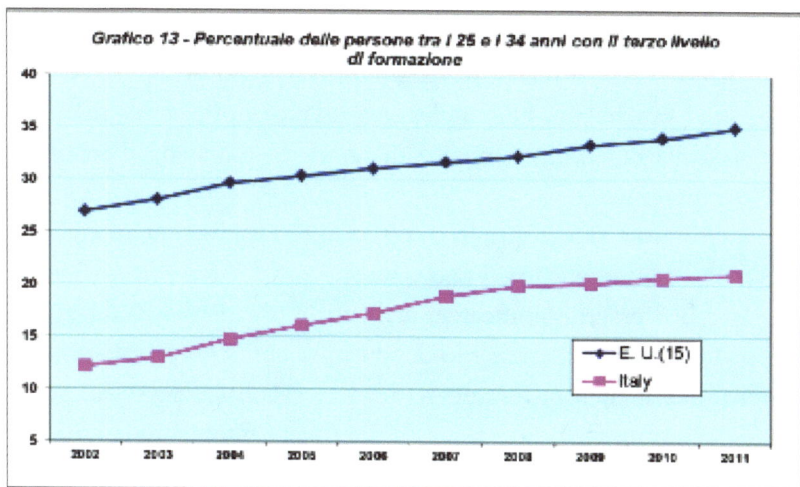

Grafico 13 - Percentuale delle persone tra i 25 e i 34 anni con il terzo livello di formazione

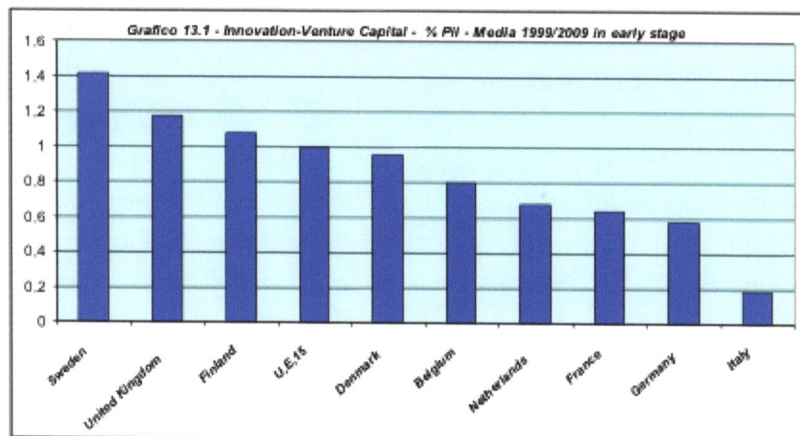

Grafico 13.1 - Innovation-Venture Capital - % PIl - Media 1999/2009 in early stage

La critica tutta ideologica all'intervento pubblico sembra non cogliere nemmeno l'impossibilità della nostra economia privata ad investire in innovazione e in capacità di produrre nuovi prodotti o nuovi servizi (e le eccezioni non fanno, certo, la regola). Eliminare anche la possibilità di ricorrere all'intervento pubblico almeno in termini di produzione di conoscenza scientifica e tecnologica e di risorse finanziarie, significa allora – deve essere chiaro – scegliere il suicidio. I vari correttivi sinora messi in opera rappresentano delle terapie non solo omeopatiche ma che traducono un'incomprensione della fenomenologia del funzionamento di un efficace Sistema Nazionale dell'Innovazione.

In queste note sino a questo punto non è stato nemmeno citata la questione "Mezzogiorno". I dati statistici confermano una questione che potrebbe essere significativa dell'attuale prospettiva europea nel senso che senza il superamento dei divari scientifico–tecnologici, nei tempi attuali anche il superamento dei divari economici e sociali sono pressoché impossibili. Non aver risolto precedentemente la questione "Mezzogiorno" non comporta la necessità di riprendere il percorso dal punto di partenza cui si era giunti. Ma progettare uno sviluppo del Paese significa, dato il declino la cui dinamica si evidenzia ovviamente principalmente nelle regioni precedentemente all'avanguardia, che l'ipotesi che quelle regioni possano svolgere ancora il ruolo storico di traino, è una questione tutta da valutare.

Dovrebbe essere evidente, a questo punto, che pensare di intervenire sulla crisi italiana come manifestazione – pur con delle varianti nazionali – della crisi internazionale rappresenta un errore politico radicale dal momento che il declino italiano ha tempi e cause in buona misura del tutto differenti. Ma tuttavia quando si cerca di evidenziare queste discrepanze allora vengono avanzate delle interpretazioni che lasciano profondamente perplessi. È il caso, ad esempio, della già citata riforma del lavoro e, in particolare del sistema pensionistico dove era evidente che l'allungamento dell'età di pensionamento, cioè l'aumento delle ore totali lavorate pro capite corrispondeva ad una drammatizzazione della situazione pensionistica degli altri, incominciando dalle nuove generazioni. Bastava poco per sapere che il problema del lavoro era, e sempre più sarebbe stato, un problema drammatico, che la risposta stava o in uno sviluppo per il quale non c'erano nemmeno degli indizi, o in una riduzione dell'orario di lavoro generalizzato. Oltre a tutto l'aumento del monte orario a carico dei singoli già occupati ha una valenza antistorica dal momento che, ad esempio, nel corso del secolo scorso, questo monte ore è stato ridotto circa del 20% in Italia così come nei principali paesi europei.

Questo è un altro esempio dello spessore del cambiamento politico e culturale necessario.

Pensare, dunque, di invertire questo percorso sarà molto complesso e impegnativo anche se si dovesse individuare, definire e mettere all'opera un Progetto coerente.

4.

Lineamenti per una politica d'interventi

Lo scenario che emerge dalle considerazioni precedenti corrisponde alla previsione espressa oltre quindici anni fa da A. Graziani che affermava come "inserire stabilmente in un contesto di paesi avanzati un paese a struttura industriale tecnologicamente debole, che si regge nel mercato soltanto per la compressione del costo del lavoro, potrebbe rivelarsi un obiettivo assai più arduo da conseguire."* Quelle previsioni – e altre consimili che pur ci sono state – sono rimaste inascoltate.

Nelle pagine precedenti si è cercato di illustrare i percorsi di questo declino, le cause strutturali, i dati ormai consolidati che lo caratterizzano. Questa ricostruzione ha il preciso obiettivo di individuare gli elementi centrali e strutturali di questo nostro declino, nella convinzione che qualsiasi terapia debba basarsi su diagnosi, come minimo, verificate. Dovrebbe essere evidente che pensare di correggere un vincolo politico e culturale come quello che emerge, con qualche incentivo finanziario – già dimostratosi, non a caso, inefficace – vorrebbe dire accompagnare con un ulteriore spreco di risorse pubbliche, un declino che diventerebbe sempre più un degrado irreparabile.

L'alternativa che si pone, tuttavia, non è quella di fare un elenco di tutti i settori o sottosettori economici, ognuno dei quali presenta problemi e prospettive specifiche, né di arrivare ad imitare il modello di sviluppo basato, come quello tedesco, sulle esportazioni, e tanto meno quello della specializzazione tecnologica pur che sia, ma molto più "semplicemente" disporre di un sistema produttivo capace di conservare nel tempo e nei nuovi scenari internazionali i necessari equilibri commerciali**, ma anche capace di affrontare quei nuovi modelli di sviluppo dei quali – non senza motivazioni – si parla in relazione alle prospettive e alle trasformazioni indotte dagli andamenti della crisi internazionale, nonché di valorizzare quelle dotazioni nazionali che

---

* Augusti Graziani – *I conti senza l'oste* – Ed. *Bollati Boringhieri*; 1997.

** Naturalmente un equilibrio non come quello di questi ultimi anni, basato sulla maggiore riduzione delle importazioni rispetto alla riduzione della produzione interna e delle esportazioni.

rappresentano un asset positivo del nostro Paese, oltre a concorrere a quelle che dovranno essere le scelte produttive elaborate ai livelli istituzionali più elevati.

Nel complesso, allo stato attuale, un obiettivo di questa natura rappresenta un'inversione del percorso attuale ed è immaginabile solo mettendo in campo – oltre agli interventi d'emergenza, qui appena accennati nelle righe seguenti – una politica dello sviluppo industriale e dei servizi basata su strumenti – sistemi delle conoscenze scientifiche e tecnologiche, risorse e strumenti finanziari – che non possono che essere in buona misura di origine pubblica; essendo, peraltro, pressoché gli unici – esistenti – nonché sulla costruzione di sistemi di valutazione e selezione tali da ottimizzare gli investimenti e sorreggere nel contempo la qualità sociale e culturale dello sviluppo. Inoltre deve essere chiaro che si tratta di una politica dello sviluppo a tutto tondo perché gli interventi con il contagocce verrebbero assorbiti nei vuoti esistenti senza lasciare traccia. Anche le proposte politiche più avanzate in materia di politica industriale si fermano di fronte a questa necessità di ricorrere all'intervento pubblico. Le alternative, tuttavia, o sono inconsistenti, o si rifanno alle politiche degli incentivi, dimostrando una mancanza – voluta o meno – di analisi e di conoscenza dei dati analitici e strutturali.

La situazione drammatica del paese sollecita, dunque, due linee d'intervento: una prima dettata dalle urgenti e gravi condizioni economiche e sociali e che, come tali, non possono attendere i tempi degli effetti delle riforme e delle politiche industriali da mettere in campo in tempi altrettanto solleciti ma con risultati che richiedono tempi opportuni. Interventi, quindi, con effetti positivi diffusi e a breve in materia di occupazione, sui redditi minori e, quindi, sulla domanda ma attenti a non pesare sulla bilancia commerciale.

La seconda linea d'intervento deve organizzare, attuare e sviluppare quelle politiche industriali e tecnologiche necessarie per modificare una competitività variamente richiamata come causa del nostro declino·. Non si tratta di una linea d'interventi contrapposta a quella precedente, nemmeno sul piano temporale Nessuna contrapposizione nemmeno rispetto agli interventi contro la burocrazia, la corruzione, l'evasione, ecc. Al contrario si tratta di interventi reciprocamente funzionali e necessitanti. Se si sono identificati dei punti di forte debolezza del nostro sistema di economia reale, punti di debolezza rispetto a paesi con i quali si vorrebbe costruire un'aggregazione istituzionale superiore, allora questi punti di debolezza possono e devono essere affrontati e risolti dai singoli paesi che non possono pretendere di essere "curati" da altri. Entrambe queste due linee, in particolare la seconda, esposta più ampiamente nel seguito, concorrono a superare i ritardi accumulati dal nostro sistema economico. Ma per affrontare le questioni aperte sul piano internazionale occorre inserire nell'elaborazione di un Progetto generale le analisi, le riflessioni, gli aggiornamenti e gli obiettivi che inducono attualmente, almeno a sinistra, a richiedere un nuovo modello di sviluppo, una nuova qualità dello sviluppo. Non si tratta di una richiesta "ideologica" ma della traduzione di una domanda di cambiamenti che derivano dai problemi posti dal tipo di sviluppo storicamente già raggiunto, dalle esigenze ambientali che traducono delle situazioni ben note di aggravamento con una maggiore sensibilità per i valori ambientali, anche a livelli di reddito modesti; dalla crisi di uno sviluppo verificato sempre e solo in termini quantitativi mentre la domanda si accresce maggiorente in termini qualitativi; dal sempre maggiore rigetto dei divari nella distribuzione della ricchezza considerati inaccettabili e non giustificabili nemmeno come riconoscimenti di meriti personali.

---

* È interessante rilevare come in un intervento di Realfonso e Perri sul Sole 24 Ore del 3 giugno 2013, questa questione della scarsa competitività, ancorché non approfondita, viene citata per ben tre volte come caratteristica del nostro apparto industriale. Una questione che viene ormai richiamata in vari interventi. Una più generale analisi era già presente in S. Ferrari - R. Romano: *Europa e Italia – Divergenze economiche, politiche e sociali*. Ed. *FrancoAngeli*, 2004.

Oltre a questi fattori di ordine sociopolitico esistono poi fattori tecnologico–culturali quali il costante aumento della produttività del lavoro, la crescente tenuta delle dinamiche demografiche, le maggiori interazioni economiche e sociali tra storie e culture diverse, l'utilizzo programmato delle innovazioni. Rispetto a questo complesso di fattori in movimento, le soluzioni prospettate dal sistema liberista con il ricorso alla mano invisibile del mercato appaiono – al di là delle critiche storiche già espresse nel tempo passato e alle quali non si è mai risposto – come inadeguate, semplici e ingenue utopie nel senso più negativo del termine.

Non si tratta, dunque, di una strategia a due tempi ma dell'articolazione temporale della stessa scelta progettuale generale e che come tale dovrà conservare e verificare nel suo percorso l'attuazione dei valori e di principi assunti ad esplicitati sin dall'origine. Per un Paese un Progetto di medio–lungo termine deve da un lato correggere quelle che sono i dati strutturali della sua debolezza e, dall'altra, conservare e verificare nel suo percorso la capacità di attuare quei valori e quei principi assunti all'origine nel Progetto Generale; poche parole ben note: eguaglianza, libertà, democrazia.

Poiché tra le debolezze strutturali del nostro sistema produttivo è ormai unanime il riconoscimento dell'esistenza della debolezza competitiva e di una collocazione su specializzazione produttiva a scarso contenuto tecnologico, non occorre immaginare improbabili riforme per sapere che occorre partire da subito modificando l'entità delle risorse investite in ricerca e innovazione . La selezione settoriale, la valutazione dei punti d'attacco, la messa in campo di una progettualità meglio valutata e strutturata, non potrà che essere agevolato dal superamento – comunque necessario – di questo limite che renderebbe credibile, oltre a tutto, la progettualità complessiva. Troppe riforme sono state lanciate in tempi passati per arrivare a risultati opposti, e se attualmente si assumessero seriamente anche solo alcuni degli obiettivi indicati dall'Unione per il 2020 – ad esempio quello secondo il quale il 75% delle persone comprese tra i 20 e i 64 anni deve avere un lavoro e quello secondo il quale il 3% del Pil deve essere investito in R&S – per il nostro paese sarebbe un successo storico. Peraltro se esistono importanti motivazioni per correggere le politiche economiche dell'Unione, queste motivazioni non possono essere indebolite o smentite mettendo ai margini obiettivi quali quelli sopra ricordati. Ma su questo fronte comunitario è necessario evidenziare come all'individuazione di traguardi importanti non corrisponde una chiara individuazione di traguardi in materia di superamento dei divari economici e sociali esistenti in partenza tra le diverse realtà dell'Unione. Un "difetto" che toglie molto del valore di quei traguardi.

Prima di affrontare la descrizione di quel Progetto generale, è opportuno concludere alcuni argomenti avviati precedentemente connessi alla necessità di correggere il nostro progressivo deficit competitivo e sociale. Tornando, dunque, alla questione della *programmazione dell'innovazione* occorre segnalare che non si tratta di un'ipotesi futuribile ma di una realtà da tempo operante nei paesi avanzati, incominciando dalla ricerca per il settore militare sin dai primi anni '40 del secolo scorso con il Progetto Manhattan per arrivare agli attuali droni. Attualmente questa spinta alla programmazione dell'innovazione si realizza anche nei laboratori delle grandi multinazionali, nei settori avanzati con una struttura dei mercati di tipo oligopolistico e nei settori connessi con tematiche dove la domanda sociale e le prospettive economiche assicurano dei profitti importanti. Ma anche a livello di politiche pubbliche esistono ormai esempi di interventi pubblici molto impegnativi e senza i quali il paese coinvolto avrebbe dovuto segnare delle penalizzazioni significative. È il caso, a suo tempo, dell'energia nucleare da parte della Francia o dei treni ad alta velocità da parte dello stesso paese. La ricerca medica e farmaceutica sono settori dove la programmazione dell'innovazione, con le

---

* Per il caso statunitense v. Vannevar Bush – *Manifesto per la rinascita di una nazione* – Ed. *Bollati Boringhieri*, 2013

relative specificità, rappresenta una condizione normale del suo funzionamento. Le tecnologie spaziali sono in una forte simbiosi con la ricerca astrofisica, ecc. Il caso della Finlandia è un modello che incorpora anche la condizioni di una dimensione economica ridotta, capace di occupare un ruolo specifico e importante ma pur tuttavia soggetto ai rischi dei limiti dimensionali. .

In linea generale il crescente patrimonio di conoscenze scientifiche disponibile, da un lato consente di incontrare più agevolmente la domanda di interventi da parte delle imprese potenzialmente interessate all'utilizzo pratico di quelle conoscenze, dall'altra consente si rispondere anche alla domanda di trasformazioni sollecitate dalla responsabilità politica, dall'altra ancora gli stessi addetti alle attività di ricerca, vuoi per risolvere i problemi della realizzazione delle sperimentazioni per i loro progetti, vuoi in quanto appartenenti al mondo della ricerca, collegano le proprie conoscenze e i propri "ritrovati" con i potenziali della domanda, soprattutto quando inseriti in contesti dove la conoscenza scientifica e tecnologica trova gli strumenti e le articolazioni, anche finanziari, di un Sistema Nazionale dell'Innovazione (S.N.I.). In definitiva è la stessa ampiezza crescente del patrimonio delle conoscenze scientifico-tecnologiche accumulate che costruisce uno strumento nuovo e sempre più efficace per lo sviluppo, coinvolgendo anche campi interdisciplinari particolarmente importanti quando si affrontano i problemi della realizzazione delle diverse fasi delle innovazioni tecnologiche. Questo S.N.I. comprende la *conoscenza*, a sua volta composta, in buona misura, dal patrimonio umano e da organizzazioni specifiche di ricerca e di formazione, dalle Università alla *finanza* in particolare per le fasi finali della sperimentazione e dell'industrializzazione e che implica competenze e culture sostanzialmente diverse da quelle finanziarie convenzionali e per le quali è opportuno immaginare la creazione di un istituto finanziario ad hoc, infine, una *managerialità* di particolare livello. Il collegamento tra questi tre attori non solo segna la differenza con i tradizionali e generici interventi di incentivazione, ma rappresenta anche lo strumento per tradurre in termini efficaci quelle politiche industriali che caratterizzano un'economia moderna. Questa efficacia si raggiunge tanto più agevolmente quanto più i tre attori presentano una dimensione critica e sono integrati con i contributi conoscitivi e con i collegamenti informativi in materia di struttura dei sistemi competitivi, alle diverse opportunità dei mercati internazionali, ecc. In queste direzioni l'ingrediente principale è rappresentato della volontà e dalla cultura politica che deve guidare la qualità di questo sviluppo.

Ma c'è un altro importante aspetto che occorre sottolineare e che rappresenta una dimensione politica e culturale che viene tendenzialmente esclusa dai dibattiti; in sostanza se è vero come è vero che con le nuove capacità tecnologiche si possono elaborare e programmare delle soluzioni per i problemi della società, può essere questa potenzialità estranea alle responsabilità delle istituzioni pubbliche? E se una parte significativa delle risorse in uomini e mezzi materiali di un sistema nazionale dell'innovazione sono di proprietà o di origine pubblica, come devono partecipare queste risorse al processo generale dello sviluppo di una società della conoscenza? Ma anche se quegli strumenti dell'innovazione tecnologica dovessero rappresentare una componente privata dell'economia, è immaginabile un'esclusione della responsabilità pubblica? E infine, questa accentuazione delle potenzialità applicative della conoscenza scientifica commetterà l'errore di limitare o vincolare quella parte di ricerca che nasce e si sviluppa sulla base dei confini esistenti nei vari settori della conoscenza scientifica o della "fantasia" dei singoli ricercatori? Questi ed altri, sono interrogativi che nascono particolarmente là dove la programmabilità dell'innovazione rappresenta un fattore economico e sociale reale, cioè in paesi all'avanguardia dello sviluppo.

Là dove si manifesta un ritardo culturale-tecnologico si creano le condizioni non solo perché si sviluppi un divario economico ma anche un abbassamento del livello civile e democratico con una prevalenza delle visioni soggettive dei problemi e delle soluzioni a breve, sino a fa emergere pericolose concezioni antidemocratiche o isolazionistiche. In una società della conoscenza e in un'economia della conoscenza si aprono problemi che hanno tutt'altra natura, il cui tratto saliente risiede nell'espansione del ruolo e delle responsabilità sociali. In definitiva in società arretrate prevale la condizione individuale e la politica della democrazia guidata. Nella società della conoscenza dovrebbe prevalere la regola del "pensare, studiare, sapere". Non c'è bisogno di citare né Bobbio né Gramsci e forse nemmeno Croce per trovare conferme.

Si tratta dunque di tematiche dirimenti che dovrebbero rappresentare un polo d'attrazione per l'elaborazione delle linee guida di una proposta politica e civile per i prossimi anni, che come tale deve estendersi a tutti gli aspetti della dimensione culturale della società, incominciando, ad esempio, dall'estensione della scuola dell'obbligo a 18 anni – una scuola sempre aperta e finalizzata a preparare non un lavoratore ma un cittadino, come tale mai disoccupato; una scuola come luogo di socializzazione – e dal sistema dell'informazione rimasto strutturalmente connesso a rapporti sociali, culturali ed economici arretrati che hanno condizionato anche il potenziale civile delle nuove tecnologie informatiche e nel quale le questioni "banali" delle incompatibilità sembrano essere innominabili. .

Nel frattempo si può comprendere perché possono convivere le questioni della pesante crisi internazionale insieme a quelle delle reali prospettive di segno diverso; si tratta di una convivenza storica: tutti i paesi devono fare i conti con la crisi internazionale ma non tutti con gli stessi strumenti e con le stesse condizioni di partenza. .

Peraltro gli stessi contenuti di una *Società della conoscenza* non si esauriscono nei contenuti di una società che ha sviluppato o intende sviluppare un'Economia della Conoscenza; questa Economia rappresenta un necessario presupposto di quella Società che, come tale, si sviluppa per livelli crescenti anche sul piano culturale e sociale.

Assumendo dunque, il tema dell'*Economia della conoscenza* si entra non solo dentro gli attuali meccanismi dello sviluppo ma, più in generale, entro le questioni che attengono a scelte e a valori del tutto generali. Anche nel dibattito pubblico questi collegamenti tra conoscenze scientifico-tecnologiche, sviluppo economico e qualità sociale non sono una novità, né di ieri né di oggi. Limitandoci alla storia più recente possiamo, infatti, ricordare elaborazioni come quelle contenute nella pubblicazione nel 1972 del **Rapporto sui limiti dello sviluppo** da parte del Club di Roma, precedendo di poco la prima crisi petrolifera e poi, nel 1987 su iniziativa dell'ONU, nel Rapporto Brunbland – primo ministro norvegese – dal titolo "**Il futuro di tutti noi**" dove venivano indicate le caratteristiche che avrebbe dovuto avere lo sviluppo mondiale per essere sostenibile. Questo sviluppo dovrebbe rispondere a tre requisiti: consentire un bilancio positivo nell'uso dei beni naturali, nelle condizioni sociali e, dunque, nel lavoro e, infine, nelle condizioni economiche. Per iniziativa dell'UNESCO questa sostenibilità è stata poi ampliata anche alla conservazione e allo sviluppo dei beni culturali. Un addendum non marginale per tutti ma certamente importante per un Paese come il nostro.

Molto sovente uno o l'altro dei termini che definiscono la sostenibilità viene dimenticato nei dibattiti ma anche nella definizione e nella realizzazione di interventi pubblici.

In definitiva la formula che oggi chiamiamo "*Economia della conoscenza*", prevede la possibilità di aggiungere agli strumenti convenzionali della politica economica, uno strumento quale quello della "conoscenza scientifica". Non perché in precedenza non venisse utilizzata, ma per il fatto che attualmente il patrimonio accumulato delle conoscenze scientifiche e tecnologiche sta cambiando la strumentazione a nostra disposizione per fare politica economica e questa capacità di programmare le innovazioni rappresenta un cambiamento essenziale.

In questo passaggio – da Limiti dello sviluppo, a Sviluppo sostenibile, a Economia della Conoscenza – è possibile cogliere una possibile evoluzione verso l'ottimismo.

Il rafforzamento delle relazioni tra conoscenza scientifico-tecnologico e sviluppo economico e sociale richiede tuttavia una serie di chiarimenti e precisazioni.

La prima riguarda, ovviamente, le battute ripetute anche "autorevolmente" e recentemente nel nostro Paese e cioè che "con la cultura non si mangia". Non interessa in questa sede confutare queste scemenze, quanto ragionare sulla posizione opposta che vorrebbe porre una scissione, un'antinomia, tra cultura ed economia, essendo la prima dalla parte del bene e la seconda dalla parte del male. Premesso che esiste una cattiva economia come una cattiva cultura, sembra che sia opportuno evitare di confondere economia con sfruttamento, cosi come le basi teoriche di quell'economia con la cultura nel suo complesso Anche questa posizione apparentemente alternativa sembra fortemente erronea e anche questo sembra che non necessiti di particolari dimostrazioni critiche.

Arrivando alla questione dell'Economia della Conoscenza e al coinvolgimento che nasce tra pubblico e privato là dove la potenzialità dell'accumulo delle conoscenze consente una programmabilità dell'innovazione, nonché di arrivare alle fasi della produzione di queste innovazioni, sembra evidente che sia necessario avere dei criteri per arrivare a definire i rapporti economici reciproci, dal momento che le responsabilità pubbliche non si esauriscono in quella fase iniziale delle scelte e poi, eventualmente, della ricerca di base. È del tutto evidente che quella responsabilità si ritrova anche e ancor più allorquando quelle conoscenze vengono coinvolte dalle imprese e tradotte in prodotti vendibili e competitivi.

Quali sono i criteri da tenere presenti da parte del pubblico in queste fasi? Mentre il punto di vista del privato ha da secoli una sua logica e una sua strumentazione, non così si può affermare per quanto riguarda la logica e la strumentazione del pubblico, particolarmente là dove, come nel nostro paese, le forme dei rapporti in materia di sfruttamento economico di conoscenze scientifico–tecnologico di valore economico, non possono giovarsi di casistiche e di esperienza approfondite. Sino ad ora questi rapporti hanno considerato come forme di compensazione essenzialmente o una partecipazione agli utili da parte del pubblico o il riconoscimento di un compenso per gli investimenti fatti dal pubblico, oltre a un compenso per gli autori degli eventuali brevetti.

Rispetto a questi approcci è necessario sviluppare un'elaborazione che non abbia questa dimensione contabile ma traduca quei valori strategici che avevano condotto ad approvare le decisioni originarie. .In sostanza l'investimento pubblico nei limiti in cui da luogo ad un prodotto vendibile, pur per tramite di un'impresa, si tramuta in un beneficio pubblico se nel complesso l'operazione concorre allo sviluppo di quelle grandezze macroeconomiche il cui andamento è a carico dell'azione pubblica. Mentre i profitti e i dati dei bilanci aziendali sono "curati" dalle imprese, grandezze come l'occupazione, la bilancia commerciale, il Pil, i servizi pubblici, la salute, la sicurezza, ecc., sono a carico delle istituzioni pubbliche. Non si tratta solamente di un'attribuzione formale di responsabilità ma del fatto che nessun imprenditore potrebbe gestire un'impresa ottimizzando l'occupazione nazionale o tanto meno, la bilancia commerciale del Paese, la spesa sanitaria o simili, come, peraltro sembra inimmaginabile che dal Governo venga deciso l'entità degli investimenti nella singola azienda. In definitiva non appare positiva una collaborazione Stato–Impresa che si limitasse a valutare l'entità del contributo finanziario pubblico da rimborsare in toto o parzialmente.

Nel momento che si determina un incontro tra pubblico e privato in relazioni ad operazioni di programmazione dello sviluppo tecnologico, sembrerebbe, quindi, necessario che da parte del pubblico vengano elaborate condizioni che, senza essere pregiudiziali per le grandezze microeconomiche, possano assicurare anche lo sviluppo non tanto di generiche grandezze macroeconomiche, quanto di quelle messe in gioco da quelle innovazioni.

Questo implica che certamente le strategie commerciali dell'impresa debbano essere assicurate e verificate rimanendo, tuttavia, a disposizione del pubblico il diritto di recessione relativa alla cessione della proprietà delle conoscenze. Senza questa condizione non si vede come possano essere difesi quegli interessi pubblici che avevano motivato l'origine dell'investimento.

Naturalmente possono esistere "innovazioni" la cui diffusione gratuita rappresenta di per sé un fatto anche economicamente – oltre che socialmente – positivo e come tale rispondente agli interessi generali sopraccennati. Interventi in materia ambientale, che non siano dei rimedi ad errori o omissioni privati, possono anche comportare una collaborazione con capacità e risorse private essendo in questi casi l'interesse pubblico comprensivo di una capacità progettuale e manageriale coerente con lo specifico progetto. Peraltro esistono tecnologie coerenti con la dimensione ambientale ma non necessariamente con la dimensione economica e sociale della stessa sostenibilità o, meglio, con la dimensione macro che deve avere la sostenibilità.

Un pannello fotovoltaico ha evidentemente una dimensione positiva per l'accettabilità ambientale, ma se viene comprato all'esterno del sistema economico di riferimento la sua sostenibilità economica e sociale resta tutta da dimostrare sia a livello micro e ancor più a livelli macro, come appare evidente e grave nel caso del nostro paese.

Questi interessi generali pubblici possono avere sul campo un'ampia serie di articolazioni e di specificità. Ad esempio il ricercatore–proprietario di conoscenze e che intende realizzare un'impresa industriale deve trovare un supporto pubblico non in cambio della cessione delle conoscenze ma allorquando quella impresa contribuisce ad un migliore andamento della bilancia commerciale o alla difesa del suolo, ecc.

Ma le questioni che richiedono un'attenzione specifica rilevante attengono essenzialmente alle procedure di attivazioni di Progetti che in varia misura danno luogo alla messa in opera e allo sviluppo di capacità tecnologiche di valenza economica ottenute nel quadro di politiche valutate, definite, attuate e sollecitate dagli interessi pubblici generali e dal concorso, in sede preventiva ed attuativa, delle strutture pubbliche di ricerca. Su questo tema le normative comunitarie potrebbero risultare attualmente meno positive di quelle messe in atto, molto pragmaticamente, in singoli paesi.

In definitiva la difesa degli interessi pubblici non si verifica tanto attraverso forme compensative di natura finanziaria o attraverso interventi finanziari convenzionali valutati attraverso il rendimento finanziario dell'impresa, ma attraverso una valutazione complessiva dei possibili risultati sulle macrograndezze dell'economia pubblica e sui connessi obiettivi sociali ivi compresi in primo luogo l'obiettivo della piena e buona occupazione. Da queste valutazioni nascono anche i presupposti per l'intervento del capitale di rischio che, come già accennato, vedono il nostro paese, non a caso, nelle ultime posizioni tra i paesi avanzati.

Si tratta, nel complesso, di condizioni che le imprese possono avere difficoltà ad accettare, ma che, senza entrare in questa occasione nelle articolazioni possibili di questa tematica, indicano il terreno sul quale costruire una politica tecnologica comprensiva anche delle fasi finali del processo innovativo.

La posizione di coloro che ritengono che queste conoscenze pubbliche in quanto tali debbano essere rese disponibili a tutti, non tengono presente che, non solo questa posizione dovrebbe essere condivisa a livello mondiale, ma anche il fatto che le capacità di attuare processi di industrializzazione e di innovazione tecnologica non sono eguali per tutti; dimenticare questi aspetti è esattamente contrario ai "valori" che si vorrebbero professare con quella disponibilità.

In termini più generali sembra opportuno approfondire le relazioni che l'esistenza di questo nuovo strumento economico-sociale-civile può indurre anche sulle logiche dello sviluppo. Sono evidenti le possibilità di sviluppare delle riflessioni non solo in materia di distribuzione della ricchezza ma anche di quell'altro fattore della diseguaglianza sociale rappresentato dalla diversa distribuzione di un "lavoro necessario" e "comprato e venduto".che tuttavia è sempre meno in grado di assicurare la piena occupazione. Anche solo a livello di "lavoro necessario" è più che legittimo dubitare che nelle economie avanzate la quantità di questo tipo di lavoro possa avvicinarsi a quella del pieno impiego. È ragionevole supporre che – e in alcune situazioni già si verifica – l'economia sia in presenza di un eccesso di capacità produttiva e che questo eccesso possa essere crescente.

La riduzione dell'orario di lavoro è una soluzione da sempre indicata non solo dalle Organizzazioni sindacali ma, in certe circostanze, anche da una classe dirigente avveduta. È il caso della posizione di Giovanni Agnelli nei primi anni '30 quando di fronte alla crisi economica e occupazionale di quegli anni proponeva esplicitamente il ricorso alla riduzione dell'orario di lavoro ricordando che la disoccupazione porta ad un calo delle vendite e quindi un'ulteriore disoccupazione, la cui causa prima sta nell'incapacità di adeguare l'ordinamento sociale al progresso tecnico.

In questi anni il fatto che affermazioni come quelli di Giovanni Agnelli, o anche del suo interlocutore Luigi Einaudi, siano introvabili non sta ad indicare che la questione è stata risolto in un altro modo. Il problema non è stato risolto ed è ancora e più pesantemente di allora, sul tappeto·.

La questione degli orari di lavoro richiama un altro "attore" necessario anche per altri aspetti connessi alla realizzazione della strategia

* È del tutto doveroso ricordare una recente importante eccezione rappresentato dal libro pubblicato da Pierre Carniti – *La Risacca Il lavoro senza lavoro*; Ed. *Altrimedia*, 2013. Il fatto che l'autore sia un personaggio della prima Repubblica potrebbe essere oggetto di qualche riflessione.

accennata e che non possono essere affrontati solo sul piano nazionale – il caso dell'orario di lavoro è evidentemente uno di questi – ma comportano l'esercizio di una capacità di leadership culturale e sociale prima di tutto in materia di relazioni e collaborazioni internazionali ma poi anche in termini di capacità di resistere rispetto alla permanente riproposizione della preminenza dell'economia e della finanza sulla politica. L'Unione Europea e la Banca Centrale dovranno tradurre questa nuova concezione dell'Europa, ma più in generale le prossime elezioni europee dovranno vedere le forze progressiste unite e coerenti lungo una concezione alta dell'Unione che come tale dovrà essere sottoposta al vaglio elettorale in contrapposizione a proposte non solo conservative e retrograde ma prive di ogni qualità civile, morale e sociale e che, non a caso, hanno più o meno sullo sfondo il ricorso alla gerarchia autoritaria che risolve i problemi sociali con gli strumenti della forza e della violenza.

5.

Conclusioni

Occorre considerare che in una società che si regge sull'economia della conoscenza si realizza anche la capacità di leggere i fenomeni indotti o apparentemente indiretti che tuttavia rappresentano cambiamenti altrettanto rilevanti di quelli prodotti dalle modificazioni tecnologiche. Una questione in particolare è necessario rilevare perché rappresenta un mutamento importante dello scenario preso a riferimento sino ad oggi da filosofi, sociologi, politici, economisti. Si tratta del mutamento delle dinamiche demografiche. Dinamiche che sin dal tempo di Malthus si scontravano con i limiti dello sfruttamento della terra e che, quindi, producevano e avrebbero prodotto – secondo quanto indicato da Malthus nel saggio del 1798 – inevitabili carestie, tali da ridurre attraverso quelle carestie la pressione demografica e consentire così di riprendere uno sviluppo a ritmi contenuti entro i limiti del potenziale di sviluppo dell'economia agricola. Quelle preoccupazioni di Malthus vennero in qualche modo riviste ma non le previsioni di una crescita demografica tendenzialmente crescente e, come tale, da indurre prima o poi, secondo alcuni, un inevitabile limite allo sviluppo·.

Attualmente le analisi in materia indicano non più un andamento esponenziale ma una curva essenzialmente asintotica con un limite in questo stesso secolo intorno ai 9-10 miliardi di persone. V. Grafico 14.

---

* Anche in anni relativamente recenti autorevoli autori – V. Bertrand Russell, *L'impatto della scienza sulla società* 1952 - hanno evidenziato i problemi posti dallo sviluppo demografico e tutt'ora alcune "teorie" della decrescita si basano su questo presupposto.

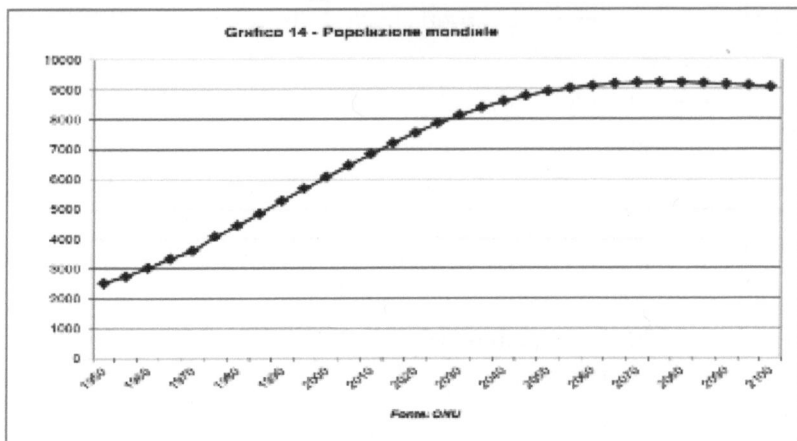

Fonte: ONU

È questo l'altro cambiamento epocale che occorre, dunque, inserire nella visione di una società che intenda progettare il proprio futuro.

Se colleghiamo questo dato anagrafico con la permanente capacità di accrescere la produttività del lavoro se ne deve dedurre l'esistenza di un progressivo eccesso di lavoro – almeno del lavoro alienante "necessario" e immaginato alle condizioni di impegno orario attuale – rispetto alla domanda di prodotti. Cioè quello che anche attualmente viene chiamato un eccesso di capacità produttiva. Teoricamente esistono possibili risposte a queste situazioni quale quella di ridurre i tempi di riciclo dei prodotti, ma sarebbe un percorso perverso e difficilmente accettato e accettabile e, probabilmente, nemmeno fattibile per motivi di mercato e di concorrenza. Meglio ricorrere alle capacità della programmazione dell'innovazione e affrontare i problemi posti dall'eccesso di lavoro; un eccesso che si verifica, occorre ricordarlo, se si conservano gli attuali carichi individuali di lavoro a meno di non far crescere la disoccupazione a livelli ineluttabilmente crescenti .

Se si sviluppasse una capacità di gestire con i fondamentali mutamenti demografici, le potenzialità della crescita della produttività e la programmazione dell'innovazione, allora si potrebbe prospettare anche una situazione nella quale quella contraddizione, espressa inizialmente tra negatività della crisi economica e sociale e ottimismo della società della conoscenza, potrebbe concludersi come indicato da Keynes nel 1930:

"... *Scartando l'eventualità di guerra e di incrementi demografici eccezionali, il problema economico può essere risolto, o per lo meno giungere in vista di soluzione, nel giro di un secolo. Ciò significa che il problema economico non è, se guardiamo al futuro, il problema permanente della razza umana.".* Infatti, per Keynes "

... Dovremo adoperarci a fare parti accurate... Affinché il poco lavoro che ancora rimane sia distribuito fra quanta più gente possibile. Turni di tre ore e settimane di quindici ore possono tenere a bada il problema per un buon periodo di tempo.".

A questo punto "Il ritmo con cui possiamo raggiungere la nostra destinazione di beatitudine economica, dipenderà da quattro fattori: la nostra capacità di controllo demografico, la nostra determinazione nell'evitare guerre e conflitti civili, la nostra volontà di affidare alla scienza la direzione delle questioni che sono di sua stretta pertinenza, e il tasso di accumulazione in quanto determinato dal margine fra produzione e consumo. Una volta conseguiti i primi tre punti il quarto verrà da sé."

Questo scenario sembra ricordare quello di "una società più ricca perché diversamente ricca" nel senso che dopo le quindici ore di lavoro "necessario", il tempo rimanente – che sarà prevalente – non è più quel tempo "venduto" che come tale segna una diseguaglianza sociale forse attualmente maggiore di quella economica, ma potrebbe segnare una nuova e più avanzata epoca sociale. E poiché ai cento anni richiesti da Keynes ne mancano solo una quindicina e, poiché in fondo quelle quattro condizione non sembrano essere cosi lontane, possiamo chiudere questa analisi con una certa dose di ottimismo. Basta sostituire al controllo demografico, ormai in atto, il controllo ambientale e aggiungere l'attesa per un Governo universale che,

---

* J. M. Keynes, *Economic Possibilities for our grandchildren* 1930 - Ed. It.: *La fine del laissez-faire e altri scritti economico-politici* a cura di G. Lunghini. Ed. *Bollati Boringhieri*, 1991

peraltro, lo stesso Keynes aveva allora immaginato come necessario per guidare quel mondo uscito da una storia di guerre mondiali.

Naturalmente ad un Governo Universale si arriva per passi successivi e il primo dovrebbe essere la costruzione dell'Unione Europea, non per assecondare manie eurocentriche e nemmeno per un apprezzamento dell'attuale situazione dell'Europa, ma essenzialmente per due motivi: l'esistenza dei problemi connessi alla globalizzazione è molto difficilmente eliminabile e, se non si sposa l'ipotesi del ricorso a soluzioni belliche generali, le scelte alternative richiedono la creazione di un'istituzione come guida politica. Il secondo e conseguente motivo consiste nella costruzione di questa istituzione dedicata al rispetto del prossimo, al riconoscimento di diritti e doveri eguali per tutti, alla libertà e all'eguaglianza sostanziale dei singoli, a relazioni basate sul mutuo e pacifico scambio, alla difesa dei valori etici e culturali nelle relazioni sociali. Insomma l'Europa civile, culturale, economica e politica dei nostri Padri, rappresenta al giorno d'oggi un'istituzione necessaria le cui premesse, almeno per ora, non sono rintracciabili altrove. Il fatto che negli stessi paesi europei sia crescente una posizione critica per quell'attuale Europa monca e senza attrattive, dovrebbe costituire un ulteriore motivo per segnare la posizione alternativa dei Partiti progressisti programmandone e coordinandone le posizioni per le prossime elezioni del Parlamento Europeo. L'Europa non è "o prendere o lasciare", l'Europa sarà quella che i cittadini europei decideranno che dovrà essere.

Indice

www.ingramcontent.com/pod-product-compliance
Lightning Source LLC
Chambersburg PA
CBHW041720200326
41521CB00004B/164